U0002610

獻給時代的逐夢者

你願意開始行動，相信自己會致富嗎？

THINK And GROW RICH

Collector's Edition

愛藏版

思考致富聖經

拿破崙·希爾——著　陳麗芳——譯

導讀

近年來關於「成功學」的書籍，已經成為書市中極暢銷的類型，不論是翻譯書籍還是國內的作品都屢有佳作，我從事培訓工作十五年，閱讀過的成功學書籍超過百本，在這些成功學相關暢銷作品中，能稱得上「經典」的不多，而拿破崙・希爾的《思考致富聖經愛藏版》絕對是經典中的經典。

在電影《鐵娘子》中，柴契爾夫人說過一段話：「注意你的思想，因為它會變為言語；注意你的言語，因為它會變為行動；注意你的行動，因為它會變為習慣；注意你的習慣，因為它會變為性格；注意你的性格，因為它會變為你的命運。」我在「正向思維鍛鍊」課程中，談到影響生命品質的方程式是：「思維帶來感覺，感覺產生行為，行為造成結果。」我們現在所擁有的一切，不論是資產、人際關係、業務績效、健康……都跟思想有關，我們怎麼看待自己，自己終將成為那樣的人，而本書正是最早研究思維影響人生的重要著作。

在讀本書之前，我們必須先認識美國鋼鐵大王安德魯・卡內基，他不僅是當時富可敵國的企業家，更稱得上是成功學的鼻祖，本書作者拿破崙・希爾正是繼承他的成功學研究使命，進而整理出一系列的成功學經典名著。

安德魯・卡內基出生於蘇格蘭，十二歲隨家人移居美國，從紡織廠的小幫工、電報傳遞員等小零工開始，透過合夥與投資，逐步建立了鋼鐵帝國，在全盛期，他甚至是全世界排名第二的富豪。他喜歡學習，養成在閒暇之餘閱讀的習慣，他將自己的成功歸功於這種好習慣。

卡內基也是一名大慈善家，一生捐獻的金額總計高達三億五千多萬美元，興辦的圖書館接近三千所，他期望自己留下來的不只是財富，而是能讓後代複製的經驗，讓後人可以少走冤枉路，更容易邁向成功。因此，當時還是大學生的拿破崙・希爾去採訪安德魯・卡內基，卡內基不僅把自己的成功經驗授予拿破崙・希爾，更察覺到這個年輕人的努力與用心，認為他未來的前途無可限量。

因此，安德魯・卡內基向拿破崙・希爾提出邀約，問他願不願意用二十年的時間，研究與整理成功學，拿破崙・希爾爽快答應，從一九〇八年到一九二八年，一共花了二十年的時間，不負期望地拜訪了美國五百四十位成功人士，包含發明大王愛迪生、汽車大王福特先生、威爾遜總統、羅斯福總統……等人，將這些成功經驗整理成一系列的成功學經典，而《思考致富聖經愛藏版》一書，更是此系列的核心。

許多人的一生都在追求「成功」，但每個人對於「成功」的定義都不盡相同，不論你的定義是什麼，《思考致富聖經愛藏版》將快速致富、邁向成功的十三個法則整理出來，絕對能讓讀者有系統地按表操課，達成自己的目標。

本書最基礎的概念，是第一章的「意念成就事實」。愛迪生曾說：「當一個人強烈渴求某物，以致為達目的，不惜孤注一擲，用整個未來下賭注，他一定會成功。」這段話替本書第一章的概念做了最佳的詮釋，是本書所有論點的基石。唯有從強大的意念開始，才能成就未來，意念是踏上致富旅程之前，最重要的準備。

本書從第二章開始，將致富拆解成：欲望、信心、自我暗示、專業知識、想像力、條理分明的計畫、決心、毅力、智囊團的力量、性慾轉換的奧祕、潛意識頭腦和通往智慧殿堂之門……等十三個法則，其中有三個章節，我多次閱讀，每次都有新體會、新發現，我建議你也仔細閱讀，一定會有許多不一樣的收獲，分別是第二、四、十章。

第二章「欲望」，談到卓越與平庸最大的差距不在於能力與背景，而在於「欲望」。平庸者常說：「我想要、我希望」。傑出的人則說：「我一定要、我相信、我可以」。這個章節的內容影響許多成功學書籍，也影響眾多讀者的一生，當你心中響起「不可能、不可以、我辦不到」，請翻閱這一章節，會帶給你極大的信心。

第四章「自我暗示」，拿破崙・希爾整理成功人士如何運用自我暗示的技巧，與威力強大的潛意識溝通。他談到如何激發潛意識的三個步驟，這三個步驟簡單、實用，就算是不會催眠的人都能輕鬆掌握，對多年前剛接觸成功學的我很有幫助。

讓我覺得最特別的是第十章「智囊團的力量」，拿破崙・希爾將智囊團定義為「兩個人或多人之間，為達成明確的目標，同心協力、和諧一致，付出知識與努力的合作關係」。團隊的力量永遠大過個人的力量，「一組電瓶供應的電，比一個電瓶所供應的電多。」在這個章節會了解「經濟性質」和「精神性質」的智囊團成員，都對我們的成功有關鍵性的助益。

閱讀《思考致富聖經愛藏版》可以依照你平時讀書的習慣，按章節、依次序閱讀，但對我而言，它不只是一般的成功學書籍，正如書名用「聖經」兩字，《思考致富聖經愛藏版》更像一本教導讀者如何致富的必備工具書，我建議運用以下三種閱讀方式。

第一種方式，就依照一般的閱讀方式，先看章節大綱，掌握本書的架構，閱讀作者序，再按照章節順序輕鬆閱讀，也許你閱讀時會有一些想法，可以做簡單的筆記，加深印象。

第二種閱讀方式，請你準備好螢光筆、原子筆、可標出重點的便利貼，將你覺得重要的字句標記下來，將你的心得與發現簡單紀錄於書頁，方便複習。不管你是第幾次閱讀本書，都能使用這種閱讀方式，因為每次的狀態不同，都會有新發現。

第三種閱讀方式必須配合實踐，將本書前的十五個章節分成十五個星期，每星期閱讀一章，搭配本書的《思考致富實踐篇》具體實踐，讓每個論點都能深入工作與生活，這個方式是我回頭再次閱讀本書，最常用的方式。

有人說：「觀看不能改變現況，唯有參與才有向上提升的力量。」不論《思考致富聖經愛藏版》有多麼經典，不論閱讀本書讓你有多少收獲，最重要的是，去做就對了！祝福讀者擁有一段精彩美好的致富旅程，我們在成功的巔峰見吧！

人生教練成長顧問公司　首席講師　陳彥宏

作者序

《思考致富聖經愛藏版》每一章都提到使數百位首富締造財富的致富祕訣，這些人都是我花了漫長歲月長期分析研究過的。

早在五十多年前，鋼鐵大王安德魯．卡內基（Andrew Carnegie）便讓我注意到這個祕訣。在我還是個孩子時，這位精明可愛的蘇格蘭老人以不著痕跡的方式，將此祕訣灌輸進我的大腦。說完話，他坐回椅子上，眼中閃爍著愉悅的火花，仔細觀察我是否具有足夠的智慧，了解他話語的涵意。

當他看出我已掌握要義，他問我是否願意花二十年，甚至更長的時間來準備，將此祕訣傳授給世人，傳授給那些若無此祕訣將一生失敗的眾人。我表示願意，並在卡內基先生的協助下，信守承諾。

我以數以千計個實例為基礎，證明本書的祕訣通用於各行各業。卡內基先生認為，應該讓那些無暇研究致富方式的人，了解這個可帶來財富的神奇祕訣。他希望我能透過各行業人士的經驗，證明此祕訣歷久不衰。他認為各級學校、大學應該教授此祕訣，並表示如果傳授得當，將革新整個教育制度，使學生在校修習研讀的時間至少減少一半。

在〈信心〉這一章，你將驚訝於龐大的美國鋼鐵公司之所以成立，竟是來自於一位年輕小夥子的構想，這證實卡內基先生的祕訣，對於「任何準備接受它的人都有效」。查爾士．史瓦布（Charles M. Schwab）先生利用這個祕訣，為自己締造了大量的金錢與機會，他應用此祕訣，帶來約六億美元的財富。

這些事實——每個認識卡內基先生的人都熟知的事實——給讀者一個明確的概念：**凡是閱讀本書的人都將獲益，只要了解「自己真正想要的是什麼」**。

這個祕訣已傳授給數以千計的人，而且正如卡內基先生所預期的，每個使用的人皆受益。有些人利用它賺取財富，有些人則成功地締造美滿的家庭。一位牧師甚至因為此祕訣之應用得宜，帶來高達七萬五千元的年收入（一九三〇年代）。

亞瑟．奈許（Arthur Nash）是辛辛那提的裁縫師，用他幾近破產的事業做為試驗此祕訣的「白老鼠」，結果不但使事業起死回生，還賺得不少財富。如今，奈許先生雖已過世，他的事業卻仍蓬勃發展。此實驗具有無可比擬的特性，報章雜誌認為，這項實驗的價值超過百萬美元。

此祕訣傳給住在德州達拉斯的史都華・奧斯汀・維爾（Stuart Austin Wier）。他願意相信，且決心放棄原本的職業，改習法律。他成功了嗎?本書會告訴你這個故事。

我是拉沙爾（LaSalle）函授大學的廣告部經理，因此我在拉沙爾函授大學還不出名時，曾因職務之便，近身觀察校長卓別林（J. G. Chapline）先生。他因有效運用此祕訣，使拉沙爾成為全美國最大的函授大學。

本書中，我提到此祕訣不下百次，但未直呼其名。因為僅將事實攤在眼前，讓那些願意相信它、尋覓它的人，能夠直接解其真義，似乎更能發揮效果，這也就是卡內基先生只是將它傾注我心，而不告訴我正確名稱的原因。

如果你正準備實踐此祕訣，本書的每一章都會使你再次認識它。我但願自己能有這分特權，把祕訣告訴你，使你知道自己是否準備就緒，但是這將剝奪你憑自己的方法去發現益處的權利。

假如你曾經沮喪，假如你無法克服使你失魂落魄的事，假如你努力過卻失敗，假如你曾經受礙於疾病或身體的傷痛，那麼，我兒子運用卡內基祕訣的故事，或許可證明此祕訣就是你一直在找尋的心靈綠洲，能帶你逃離「絕望荒漠」。

第一次世界大戰中，伍卓・威爾遜（Wodrow Wilson）總統廣泛地應用此祕訣。他將此祕訣祕密地融入士兵赴戰場之前所受的訓練，使每位士兵學習此祕訣。威爾遜總統對我說，在募集作戰經費時，這個祕訣曾是一個強大的助力。

此祕訣獨特之處就在於，人們一旦獲得並使用它，他們便會直撲成功。如果你對此有所懷疑，請調查使用此祕訣者的名單，檢視他們的紀錄，你便會相信。

當然，天下沒有白吃的午餐。我所提的祕訣雖然物超所值，也不能憑白獲得，無意找尋它的人，花再多的錢也得不到。它無法餽贈，不能用錢買，因為它分為兩部分，而準備好接受它的人已擁有第一部分。

此祕訣公平對待準備好接受它的人，與教育程度無關。早在我出生以前，湯瑪士·愛迪生便擁有此祕訣，他巧妙使用它，因而得以使自己成為世界第一的發明家，即使他一生只上過三個月的學。

此祕訣也傳給了愛迪生先生的事業夥伴——愛德文·伯恩斯（**Edwin C. Barnes**）。他因有效地應用此祕訣，而使年收入本僅一萬兩千美元到後來累積了一大筆財富，而且在壯年便光榮退休。你會在第一章的開頭讀到這個故事。這些應能使你相信，財富並非遙不可及，也讓你知道，你希望成為什麼樣的人，就能成為什麼樣的人，告訴自己：「任何有決心、有準備，志在必得的人，有朝一日，必能擁有金錢、名聲、讚譽及幸福。」

我如何得知這些？你應該能在讀完本書之前找到答案。你的答案有可能出現於第一章，也可能在最後一頁出現。

我接受了卡內基先生之託，進行長達二十年的研究工作，分析了數百位名人，許多人都承認他們是透過卡內基的祕訣而致富，這些人包含：

亨利·福特（Henry Ford）
狄奧多·羅斯福（Theodore Roosevelt）
威廉·萊格理二世（William Wrigley Jr.）
約翰·戴維斯（John W. Davis）
艾伯特·赫柏德（Elbert Hubbard）
約翰·瓦那梅克（John Wanamaker）
韋伯·萊特（Wilbur Wright）
詹姆士·希爾（James J. Hill）
威廉·布萊恩（William Jennings Bryan）
喬治·派克（George S. Parker）

大衛・喬登博士（Dr. David Starr Jordan）
E・M・史達勒（E. M. Statler）
J・奧德根・阿默爾（J. Odgen Armour）
亨利・導爾提（Henry L. Doherty）
亞瑟・布萊斯本（Athur Brisbane）
西拉士・克提斯（Cyrus H. K. Curtis）
伍卓・威爾森（Woodrow Wilson）
喬治・伊士曼（George Eastman）
威廉・塔夫特（William Howard Taft）
查爾士・史瓦布（Charles M. Schwab）
路德・柏班克（Luther Burbank）
哈瑞士・威廉斯（Harris F. Williams）
愛德華・巴克（Edward W. Bok）
法蘭克・甘梭羅士博士（Dr. Frank Gunsaulus）
法蘭克・曼賽（Frank A. Munsey）
艾伯特・蓋瑞（Elbert H. Gary）
丹尼爾・威勒得（Daniel Willard）

亞歷山大・貝爾博士（Dr. Alexander Graham Bell）
金・吉勒特（King Gillette）
約翰・派特森（John H. Patterson）
拉夫・維克斯（Ralph A. Weeks）
丹尼爾・萊特法官（Judge Daniel T. Wright）
茱莉亞斯・羅森華德（Julius Rosenwald）
約翰・洛克斐勒（John D. Rockefeller）
史都華・奧斯汀・威爾（Stuart Austin Wier）
湯瑪士・愛迪生（Thomas A. Edison）
J・G・卓別林（J. G. Chapline）
法蘭克・克蘭博士（Dr. Frank Crane）
法蘭克・凡德立普（Frank A. Vanderlip）
喬治・亞歷山大（George M. Alexander）
F・W・伍爾華斯（F. W. Woolworth）
傑寧士・藍道夫（U.S. Sen. Jennings Randolph）
愛德華・費藍尼（Edward A. Filene）
亞瑟・奈許（Arthur Nash）

羅伯特・達勒上校（Col. Robert A. Dollar）
克萊倫斯・達洛（Clarence Darrow）

這些名字僅代表一小部分的美國名人，這些名人的成就（無論是經濟上或其他方面），證實了應用卡內基祕訣的人，皆能達到人生的顛峰。我從未聽過有任何受到激勵而應用此祕訣的人，無法在他所選的行業中獲得顯著成就；我從未聽過任何具有顯要地位與可觀財富的人，會對此祕訣一無所知。從這兩項事實，我得到一個結論：這祕訣是下定決心的必備知識，比我們透過「教育」所學到的任何東西都重要。

究竟何謂教育？本書將詳細解說。

如果你已準備好接受它，這個祕訣必會從字裡行間出現於你眼前。當它出現，你一見便知。不論你是在第一或最後的章節捕捉到它，請在它出現的時候暫停片刻，因為那個片刻將成為**人生最重要的轉捩點**。

閱讀本書時，請記住，它呈現的是事實，而非虛構的故事，目的在於傳達一個偉大而普遍的真理。透過它，所有願意相信它的人皆能得知「要做什麼」「如何去做」，並同時能獲得激勵，立即行動。

在開始閱讀第一章前，我想提供一句建言——所有的成就，一切的財富，皆來自於一個觀念（idea）。假如你已準備好接受此祕訣，便已掌握了一半；因此，在另一半觸及你心的那一瞬間，你必定能一眼就認出來。

拿破崙·希爾（Napoleon Hill）

一九三七年

目錄

第三章　信　心

第四章　自我暗示

第五章　專業知識

第六章　想像力

第七章　條理分明的計畫

第八章 決 心

第九章　毅　力

第十章　智囊團的力量

第十一章　性慾轉換的奧祕

第十三章　頭　腦

第十四章　第六感

第十五章　六種恐懼

第十六章　思考致富實踐篇

第一章　意念成就事實

精確要點

就像愛德文．巴恩斯一樣，一個人雖可能穿著簡陋、身無分文，但他熾烈的欲望會為他帶來改變一生的機會。

你致力於正確的方向越久，便越接近成功。有太多人放棄了近在咫尺的成功，將成功拱手讓人。

目標是所有成就（無論大小）的試金石。一個強壯的大男人也可能被一個目標明確的小孩擊垮。改變對工作意義的思考習慣，便能達成看似不可能的事。

如亨利．福特那樣，我們可以將自己的信心與毅力傳遞給他人，完成「不可能」之事。

凡是人心所能想像並相信的，終必能夠實現。

「意念成就事實」是千真萬確的，尤其當結合意念、特定目的、毅力，以及將意念轉化為財富或其他目標的熾烈欲望，意念便是強而有力的事實。

若干年前，愛德文．巴恩斯（Edwin C. Barnes）發現「思考致富」是不容懷疑的。他的發現來自一點一滴累積的強烈欲望——他想成為偉大的愛迪生的事業夥伴。

巴恩斯欲望主要的特質，就是明確而堅定。他想和愛迪生「合夥做生意」，而非只是「為他工作」。仔細觀察他化欲望為事實的過程，便會了解致富的法則。當這股欲望或意念首次閃過巴恩斯腦袋，他並無實現的本錢。他面臨兩個困難：第一，他根本不認識愛迪生；第二，他連買一張火車票到新澤西州橘鎮的錢都沒有。這兩個困難足以使大多數人打消實現欲望的念頭，但巴恩斯的欲望非比尋常。

流浪漢與發明家的首次會面

巴恩斯出現在愛迪生的實驗室，向這位發明家宣稱，自己要和他一起經營事業。數年後，在愛迪生談到兩人的初次會面時，他說：

「他站在我面前，看來就像一般的流浪漢，但卻流露一股決心，散發出絕對要達到目標的氣息。憑我多年的識人經驗，我深知，**當一個人強烈渴求某物，以致為達目的不惜孤注一擲，用整個未來下賭注，一定會成功**。於是我給他機會，因為我看得出來，他已下定決心，不成功絕不罷休。往後所發生的事證明我是對的。」

這位年輕人能在愛迪生的辦公室展開事業，絕不可能是因為他的外貌，那明顯對他不利。重要的是他的**意念**。

巴恩斯並未在第一次會面後馬上成為愛迪生的事業夥伴，他只是得到在愛迪生公司工作的機會，但收入微薄。

幾個月過去。表面上，巴恩斯明確的人生目標未有任何進展。然而在他腦海中，有一股欲望正在蘊釀，他不斷地強化自己要成為愛迪生事業夥伴的想法。

心理學家曾明確指出：「當一個人真的準備好去做一件事，這件事自然會出現。」巴恩斯已準備好成為愛迪生的事業夥伴，不只如此，他決心堅持到底，直至得到他所追求的一切。

他沒有對自己說：「唉，有什麼用？我應該改變主意，嘗試做推銷員的工作。」相反地，他明確告訴自己：「我要和愛迪生一起經營事業，我一定要達到目的，即使耗盡餘生，亦在所不惜。」他是認真的！**一個人如果能立定明確、堅定的目標，堅持不懈，使之成為終生職志，人生將會大大不同！**

年輕的巴恩斯當時或許不了解這點，但他堅定不移的決心，以及堅持唯一夢想的毅力，註定能剷除所有障礙，帶給他一直在尋求的機會。

意念，使你抓住機會

巴恩斯完全沒想到機會是來自不同的方向、以不同的形式出現，這是機會的詭計。**機會習慣從後門暗自溜進來，經常偽裝成「不幸」或「暫時的失**

敗」。這是多數人無法掌握「機會」的原因。

巴恩斯的機會，以這種形式出現了。

當時，愛迪生的業務員對他剛完成的新發明「愛迪生留聲（口述）機」（Edison Dictating Machine）反應並不熱烈。他們認為這機器很難推銷，此時，巴恩斯看到自己的機會來臨。

機會悄悄地爬進來，藏匿在造型奇特的機器內，除了巴恩斯和愛迪生，沒有人對這台機器感興趣。

巴恩斯確信自己可以賣出「愛迪生留聲機」。他向愛迪生毛遂自薦，立即得到機會，而他也真的賣出了機器。事實上，他銷售得極為成功，以致愛迪生與他簽訂一分總代理合約，讓他將機器行銷至全國各地。這段合夥關係讓巴恩斯賺進財富，而且證明人真的可以**「勇於追夢，逐得財富」**。

我無從得知巴恩斯的欲望究竟值多少錢，或許，這為他賺進兩、三百萬，但這和他獲得的知識資產比較，已不重要。他深刻了解「任何無形的意念」，皆可藉由原則的應用，轉變為實質報酬，這就是最寶貴的知識資產。

巴恩斯靠著意念成為了愛迪生的事業夥伴，並使自己致富。

最初他的確一無所有，唯一僅有的，是清楚自己「想要什麼」的自覺能力，以及「堅持欲望直至實現」的決心。

與百萬黃金擦身而過

最常見的失敗原因之一，是養成遇到挫折就輕易放棄的習慣。每個人或多或少都曾犯過此錯誤。

達比（R. U. Darby）有一位叔父是淘金迷，在淘金熱的年代，他遠赴美國西部一圓淘金夢。但當時沒人告訴他，**從人類頭腦所挖掘出來的金礦，遠多於從地底挖出來的**。他標了一塊地，拿起鋤鐽便開始埋頭工作。

辛苦幾個禮拜後，他終於發現金光閃閃的礦石，但需要機器將礦石運到地面上。於是，他不動聲色地掩蓋礦區，循原路回到馬里蘭．威廉斯堡的家，將此發現告知達比。他們籌足錢，買機器，裝運上船，然後達比和這位叔父回到礦區繼續工作。

第一車的礦石開採出來後即運往鍊金場。結果證實，他們的礦區是科羅拉多州最豐富的礦區之一！只要再挖出數車礦石便能償清所有債務，迎接數不盡的財源。

地越鑽越深，達比和叔父的希望也節節升高。可不幸的是，礦脈突然消失，他們的美夢頓時成空，聚寶盆化為幻影。他們繼續鑽地、挖掘，絕望地想尋回礦脈，但一切努力都歸為徒然。

最後，他們決定放棄。

他們將機器以幾百美元的價格賣給一位舊貨商，心灰意冷地搭火車回家。舊貨商請一位採礦工程師來查看礦區，估算一番。工程師提出他的看法，認為採礦計畫之所以失敗，在於礦區主人不懂「斷層線（偽脈）」（fault lines）。據他估計，**礦脈應該在距離達比和叔父放棄挖掘之處三呎遠的地方**。而礦脈的確重現於工程師所指之處。

舊貨商因此賺了數百萬美元，這是因為他懂得**在放棄之前，先請教專家的意見**。

愈挫愈勇才能贏在最後

很久以後，達比先生發現欲望可以轉化為財富，他終於彌補損失，藉由壽險推銷事業賺回好幾倍的財富。

達比謹記他在「距離黃金三呎之處放棄」而損失巨額財富的教訓。此經驗對他日後所選的工作頗有助益。他對自己說：「我曾在距離黃金三呎之處放棄，如今，當我向客戶推銷保險，我絕不會因為他們說『不』而停止我的銷售工作。」

達比每年賣出的壽險超過百萬元，成為最成功的保險銷售員。他將自己的「毅力」歸功於金礦事業給他的教訓。

任何人在獲得成功之前，總會碰到許多挫折與失敗。當挫折、打擊來臨，最容易且理所當然的做法是放棄。這的確是多數人的做法。

全美國五百多位的成功人士，他們的**成功在於面臨挫折、打擊時，勇敢地跨出一步**。失敗是個狡猾又極愛諷刺人的騙子，最喜歡在成功即將到來之際將人絆倒。

女孩說：我媽媽需要五毛錢！

達比先生修完「重挫大學」的學位，決心要從金礦事業的失敗經驗中獲益，不久後，他幸運地得到一個機會，向他證明，**別人說「不」，不一定是真的拒絕**。

有一天下午，他在一座老式磨坊裡幫叔父磨麥。他的叔父經營一座大農場，有好幾位佃農賴此農場維生。突然，門被輕輕地打開，一位黑人小女孩走進來站在門邊。她是某位佃農的女兒。

叔父抬頭看到小女孩，不客氣地對她吼：「妳要做什麼？」

小女孩溫和地說：「我媽媽要你給她五毛錢。」

叔父回答：「不給！現在，回去！」

「是，先生。」小女孩說著，卻站著沒動。

叔父繼續忙碌且專注地工作，沒注意到小女孩並未離開。當他再度抬起頭，看到她還在，便大聲吼叫：「我叫妳回去，立刻離開，否則就痛打妳一頓。」

小女孩再度說：「是，先生。」卻還是紋風不動。

叔父丟下一袋正要倒入磨穀機的穀粒，拾起一塊木板，滿臉怒氣地朝小女孩走去。

達比屏息看著。他確信這女孩即將挨一頓毒打，因為他了解叔父的火爆脾氣。

當叔父接近小女孩，小女孩很快向前跨一步，抬頭直視叔父的眼睛，竭盡所能地尖叫：「我媽媽一定要那五毛錢！」

叔父停下來注視她片刻，接著慢慢放下木板，將手伸入口袋，拿出五毛錢交給她。

小女孩拿了錢，慢慢地退到門口，眼睛從沒離開過那個剛剛被她征服的男人。她離開後，叔父坐在木箱上，茫然望著窗外十幾分鐘，心懷敬畏地思索自己剛剛遭遇的挫敗。

達比先生同樣陷入沉思。那是他生平第一次看到黑人小孩沉著地征服一位成年白人。她如何做到的？究竟是什麼使叔父不再兇惡，如羔羊般溫順？那小女孩運用何種神奇的力量，使自己掌控全局？這些問題一一閃過達比心中，但他直到數年後告訴我這個故事時，才找到答案。

說也奇怪，我聽到這故事的地點，就是那座老磨坊，也就是那位叔父遭遇挫敗的地點。

好結果往往出現在「不」之後

我們站在那座充滿霉味的老磨坊裡，聽達比先生回憶那罕見的勝利故事，他問：「你知道嗎？那小女孩究竟用何種力量澈底擊垮我的叔父？」

答案就是本書所敘述的原則。本書提供的答案詳盡而完整，包含各個細節與指示，足以使人了解並使用那股力量，亦即黑人小女孩在無意中所展現出的力量。

保持專注，你便能明確體會到那股使小女孩脫險的神奇力量。你將在下一章中初識此力量。你也將從書中某處得到領悟，增加接受力，讓你能隨時掌控這股無法抗拒的力量，獲得你想要的利益。或許在第一章，你便能體會到這股力量，或許它會在之後的某個章節，靈光一閃地注入你的內心。它可能只是一個單純的觀念，或轉化為一項計畫、目標。它可能會令你回溯受挫的經驗，領悟某種教訓，重新獲得你失去的一切。

我向達比先生解釋黑人小女孩所運用的力量，他快速回顧自己三十年的壽險推銷員歷史，坦承他在壽險業的成功，來自黑人小女孩給他的教訓。

達比先生說：「每一次，當潛在客戶想打發我走，不買保險，我就想起那位站在老磨坊裡的女孩，以及她堅決的眼神。我會對自己說：『我一定要做成這筆買賣。』我的壽險業生涯證明，**好結果往往出現在對方說『不』之後。**」

他想起在離黃金三呎之處放棄的錯誤。他說：「但……金礦的經驗是塞翁失馬，焉知非福。它教導我，**無論遇到多大的困難，都要堅持下去**。我學會這個教訓，才能在事業上有所成就。」

無疑地，每位從事推銷工作的人都會讀到達比、他的叔父、小女孩和金礦的故事。我想提醒這些人，達比將自己每年能賣出百萬壽險的能力，歸功於那兩個經驗。

達比先生的經驗看來稀鬆平常，卻點出改變命運的關鍵，因此，這些經驗對他而言，跟生命一樣重要。他能從這兩個戲劇性的經驗中獲利，是因為他「分析」這些經驗，發現「隱含」的教訓。但是，那些沒時間，亦無興致研究失敗、找尋成功方法的人，該如何做呢？該從何處、如何習得「將失敗轉化為契機」的技巧呢？

本書正是為了解答這些問題而撰寫的。

為你的正確觀念加裝導航

答案在本書的十三條原則裡。記住，閱讀本書，可引發你思考人生奧祕的問題，但答案往往在自己心中。當穿梭於字裡行間，它會透過某種觀念、計畫或目標，突然浮現在你腦海裡。

成功最需要的是正確的觀念，本書所提出的原則，蘊藏創造正確觀念的觀念及方式。

在我們進一步了解這些原則前，你有權接受以下的重要暗示⋯

> 財富降臨得如此豐富與迅速，讓人不禁懷疑，在困頓的時期，它們究竟藏在哪裡？

這是個令人訝異的說法，因為一般人都認為，努力工作才能獲得財富。

當你開始思考，將發現「財富其實始於一種心境、一個明確的目標，再加上些微的努力」。包含你在內的所有人，應該都很想知道，如何能獲得那種吸引財富的心境吧！我花了二十五年做研究，因為我也很想知道「有錢人如何擁有致富的心境」。

請仔細觀察，因為一旦熟悉原則，並開始「遵循」指示，「應用」這些原則，財務狀況就會隨即改善。你所接觸的每件事，都將轉化為對你有利的資產。你說不可能嗎？才怪。

人類主要的弱點就是一般人太相信、太熟悉「不可能」這三個字。一般人熟悉失敗的法則，堅信哪些事是做不到的。但是，有些人不是如此，他們會尋求成功法則，還願意用成功法則奮力一搏，本書就是寫給這些人看的。

具有成功意識的人，一定會成功。

容許自己產生失敗意識的人，必定失敗。

本書的目的即在幫助那些有心脫胎換骨的人，學會改變的技巧，將失敗意識轉為成功意識。

另一個多數人皆有的弱點，就是習慣以自己的印象和信念，去衡量所有的人事物。有些人讀完此書，仍會認為自己絕無法憑思考致富，因為長久以來，他們的思考習慣已經被貧窮、匱乏、不幸、失敗和挫折層層包圍。

這些不幸的人，令我想到一位傑出的中國人。他到美國接受美式教育，當時他就讀於芝加哥大學。有一天，哈博（Harper）校長在校園遇見這位年輕的東方學生，便停下來和他閒談，想知道美國人令他印象最深刻的特點是什麼。

這位學生大聲回答：「喔！是偏見吧！你們的眼睛很少正視事物。」

對於這種說法，你的看法如何？

我們總是拒絕相信自己不了解的事情，愚昧地認為自己的極限便是合理的極限，因此，理所當然地認為別人的看法「全是偏差的」，因為他們的看法與我們不同。

福特V8汽車化不可能為可能

亨利．福特決定製造著名的V8汽車（V8 motor）——一座八個汽缸的引擎——指示手下的工程師設計。設計圖畫好了，但工程師一致認為，要在一具引擎中裝設八個汽缸是不可能的。

福特說：「無論如何，你們要設法把它生產出來。」

工程師回答：「但是……那是不可能的！」

福特命令：「動手去做！做到成功為止，不管要花多少時間！」

工程師繼續工作。如果他們想繼續待在福特公司，他們只能繼續做，別無選擇。六個月過去，製作沒有任何進展。再過六個月，還是沒進展。工程師試遍所有計畫想要完成任務，但就是沒辦法，換句話說，「不可能」。

到了年底，福特查核工程師的進度，他們再次報告，實在找不出方法。

福特說：「繼續做！我想要它，我一定要擁有它。」

工程師們只好繼續。後來奇蹟出現，他們發現了祕訣。

福特的「決心」再次獲勝。

這個故事描述得不夠鉅細靡遺，但要點和結果很清楚、正確。想思考致富的你，不妨從中思索福特擁有億萬財富的祕訣，這不難發現。

亨利·福特是個成功的人，因他「了解」並「運用」了成功的法則，其中之一便是「欲望」，亦即**清楚知道自己想要的是什麼**。請記住福特的故事，試著領會書中的詞句。假如你能做到這點，假如你能記住亨利·福特致富的法則，你便能在任何適合你的行業中，得到不亞於他的成就。

你要擁有強烈的致富欲望

韓里（Henley）有句詩是：「我就是自己命運的主宰，我就是自己靈魂的統帥。」這句詩富含寓意，它告訴我們，自己是命運的主人、靈魂的統治者，因為我們有控制思想、意念的能力。

它告訴我們，**支配行動的意念能夠「磁化」我們的腦袋，磁鐵般的腦袋會吸引與我們意念相通的力量、人物和生活景況**。

另外，它讓我們知道，在累積豐厚的財富之前，我們必須用強烈的致富欲望來磁化頭腦。我們必須形成「金錢意識」，直到對財富的熾烈欲望，驅使我們創造獲得金錢的明確計畫。

韓里喜歡用詩句表達偉大的真理，留待相信他的人來解釋其中的哲理。

真理會逐漸地顯露、被證實，現在，你已可明確看出本書的成功法則，的確含有掌控你經濟命運的祕訣。

改變命運的第一條法則

接下來，我們要開始檢視第一條法則。請敞開心胸，雖然這些法則是由一個人所發明的，但對許多人都有效，你當然能為了自己長久的利益來應用。你會發現，實踐這些法則非常簡單。

數年前，我在維吉尼亞州賽倫市的賽倫學院（Salem College）畢業典禮上發表畢業致詞，我極力強調某個法則的重要性（此法則將出現在下一章），以致一位畢業生下定決心要應用它，使它成為自己的人生哲學。那位年輕人後來成為議員，而且是富蘭克林·羅斯福總統內閣的重要人物。他寫信給我，對於下一章將提到的成功法則，清楚地表示出意見。因此，我決定公開他的信，作為下一章的引言。

這封信會讓你明白即將到來的報酬。

敬愛的拿破崙：

擔任國會議員的工作賦予我洞察力，使我了解一般人的問題。我寫這封信提供一些建議，或許能對數千位值得幫助的人有所助益。

一九二二年，你在賽倫學院發表畢業致詞，當時我是在場的畢業生。你的那場演講，在我心中深植一個觀念，使我現在得以服務國人，我相信這也會是我未來可能成功的原因。

當時的情形歷歷在目，彷彿昨日，我記得你精采地述說亨利．福特的故事，告訴我們，他如何在教育程度低、身無分文、沒有顯赫背景的情況下，攀上人生的巔峰。當時，你的演說尚未結束，我便下定決心，不論多少困難險阻橫在眼前，我都要為自己闖出一片天下。

今年，以及往後的數年，都會有成千上萬個年輕人自學校畢業，他們也需要一個切合實際、有激勵作用的訊息，正如你給予的。他們會渴望知道該走的方向、該做的事，以便展開他們的人生。你可以告訴他們，因為你已協助許多人解決問題。

今日，美國有數以千萬計的人想知道，如何把觀念化為金錢；那些必須白手起家，無經濟基礎的人，該如何填補缺損。我相信只有你能幫助他們。

未來若你要出版書籍，希望我能馬上擁有一本，並想請你親筆簽名。

誠心致上最深的祝福

你真摯的朋友

傑寧士・藍道夫（JENNINGS RANDOLPH）

在那場演講的二十五年後，我很榮幸於一九五七年再次回到賽倫學院，發表畢業生演說。那次，我獲頒為賽倫學院的榮譽文學博士。

一九二二年的演講以後，我看到傑寧士・藍道夫一路步步高升，成為國內首要航空公司的執行長、具有鼓舞力的演說家、以及西維吉尼亞州的國會議員。

凡是人心所能想像，並且相信的，
終必能夠實現。

第二章 欲 望

精確要點

當欲望集中全力於獲取勝利，你就不需要退路，因為成功是必然的。

本章的六大步驟是將欲望化為黃金。對安德魯．卡內基而言，這些步驟值上十億美元。

欲望在暫時的失敗中建立新的勝利。將全世界最大的百貨公司從灰燼中重建起來的，就是欲望。

沒有耳朵的小孩學會聆聽；「沒機會」的女性成為偉大的歌劇演員；醫生認為會死的病人安然痊癒。欲望就是這些奇妙、自然「心靈現象」的力量。

意志的力量是無限的，除非我們有意去限制它。

五十多年前，愛德文・巴恩斯在新澤西州的橘鎮，從貨運火車上面跳下來，外表看似流浪漢的他，心中懷著帝王般的雄心壯志。

他離開車站前往湯瑪士・愛迪生的辦公室。一路上，他的腦筋不停地想，彷彿看到自己站在愛迪生面前，聽見自己懇求愛迪生給他一個機會，實現他揮之不去、縈繞於心的熾烈欲望——成為這位偉大發明家的事業夥伴。

巴恩斯的「欲望」（desire）不是「希望」（hope），也不是「祈願」（wish），而是熱切的、隨脈搏跳動的「欲望」（desire）。它超越一切，明確而堅定。數年後，在第一次見到這位發明家的辦公室內，巴恩斯再次站在愛迪生面前。這次他的欲望已化為事實，他已與愛迪生共事。支配巴恩斯一生的理想終於實現。他之所以成功，在於選定一個明確堅定的目標，並願意為了實現這個目標全力以赴！

破釜沉舟，否則死路一條

五年後，巴恩斯一直在尋覓的機會終於出現。在此之前，除了他本人，每個人都認為，他只是愛迪生企業裡一個不起眼的角色。但巴恩斯不這麼想，從他開始工作的第一天，心中便無時無刻以愛迪生的事業夥伴自居。

這個不平凡的例子，證明堅定、明確的欲望所具有的力量。巴恩斯達成他的目標，因為他別無所求，一心一意只想成為愛迪生的事業夥伴。他擬定一套完整的計畫，藉以達成目的。但他同時破釜沉舟，下定決心斷絕一切退路。支撐他的只是一股欲望。這股欲望成為引導他的生命之舵，最後達到目的，變成事實。

當他抵達橘鎮，他不是對自己說：「我將盡力促使愛迪生隨便給我一個工作。」而是告訴自己：「我要見愛迪生，並讓他知道，我要和他一起經營事業。」

他不說：「我要張大眼睛留意其他機會，以防我無法在愛迪生企業得到我想要的。」而是說：「在世上，我盡心要達成的只有一件事，就是成為湯瑪士・愛迪生的事業夥伴。我願破釜沉舟、孤注一擲，斷絕一切退路，以我的未來做賭注，去爭取我所要的。」

他不給自己留任何退路。他必須成功，否則就是死路一條。

巴恩斯的成功靠的就是這一點。

財富的驅策力——成功與失敗的分野

很久以後，一位偉大的戰士面臨到迫使他抉擇的情勢，那個抉擇使他在戰場上獲勝。當時，他正要率領士兵對抗極強悍的敵人，而且對方人數遠超過他們。他命令士兵乘船駛向敵國，並在卸下士兵和裝備後，下令燒毀所有的船。第一場戰役展開之前，他對士兵說：「你們都看到，船已付之一炬，除非我們勝利，否則誰也無法活著離開。**現在，我們別無選擇**——不是勝利，便是滅亡。」

結果，他們勝利了。

任何一個想要在事業上成功的人，都必須破釜沉舟，斬斷後路。唯有如此，才能確保渴望勝利的心境，這正是成功的基礎。

芝加哥大火的翌日上午，一群商人站在斯代特（State）街上，看著自己已燒成灰燼的店面。他們開會討論是否要重建，或者乾脆離開芝加哥，到美國其他更具潛力的地方另起爐灶。結果大家一致決定離開芝加哥，只有一個人例外。

決定留下重建的商人，指著瓦礫碎片說：「各位，不論會遭遇多少次火災，我都要在同一個地點，建立全世界最大的商店。」

這是將近一世紀以前的事，如今，那間商店依然屹立，像一座高聳的紀念碑，象徵著熾烈欲望的心靈力量。這位重建夢想的馬歇爾．費爾得（Marshall Field）其實可以採取較容易的做法，就像他其他的商人朋友——當路途崎嶇，前途看來晦暗不明，他們便抽身而退，選擇一條看似好走的路。（註：Marshall Field百貨公司已更名為Macy's百貨，曾為世界第二大百貨公司，如今門牌依然在建築物上。）

請記住馬歇爾．費爾得和其他商人的差別，因為，區分成功者與失敗者的，正是這種差別。

每個人只要了解金錢的作用，都會想擁有它，但「想」並不會帶來財富，只有能把「渴望」財富的心態，變成「唯一意念」，定出追求財富的明確方式與計畫，以絕不認輸的毅力來執行計畫，才會帶來財富。

將欲望點石成金的六大步驟

就是以下六大明確而實際的步驟：

①在心中明確定出渴望的金錢數字。只說「我想要有足夠的錢」是不夠的，數字要明確（這種明確性有心理方面的理由，後面的章節會說明）。
②想清楚決定付出什麼代價以得到渴望的金錢，天下沒有「白吃的午餐」。
③設定擁有這筆金錢的明確日期。
④擬定達成目標的明確計畫，立即付諸行動，無論是否有心理準備。
⑤拿出紙筆寫下一分清楚的欲望聲明，上面記載想獲得的金錢數字、期限、追求金錢所須付出的代價以及達成目標的計畫。
⑥每天大聲朗讀此欲望聲明兩次，一次在睡前，一次在清晨起床的時候，試

著讓自己看到、感覺到，相信自己已擁有這筆金錢。

無論如何，必須確實遵循以上六大步驟的指示，尤其是第六個步驟。或許有人會覺得，在並未實際得到這筆錢之前，不可能「看見自己有錢」，但這正是熾烈的欲望所能提供的幫助。如果真的十分「渴望」（desire）有錢，將這種欲望變成魂牽夢縈的意念，便能讓你毫無困難地「相信」自己會得到它。你的目標是要得到這筆錢，你只要不斷強化想獲得這筆錢的決心，就會使自己「相信」一定會得到它。

一定要想像自己能成為百萬富翁！

若不了解人類心靈活動的原理，這些步驟看來可能不實際。不過，如果知道了這正確而完整的六大步驟是出自於鋼鐵大王安德魯．卡內基，你可能就會相信。卡內基剛開始只是鋼鐵公司的工人，儘管出身低微，他仍努力運用這些原則，為自己賺進超過億萬美元的財富。

更重要的是，這六大步驟都是湯瑪士．愛迪生仔細查驗過的，他深切肯定，這些步驟不只能累積金錢，還可以助你達成任何目標。

這些步驟不須要你辛苦工作、不須要犧牲，也不要求你變得荒謬不實或過度輕信。運用它們無須受過高深的教育，但必須要有**豐富的想像力**。

這種想像力使人了解，累積財富不能只靠機會、緣分和運氣。我們必須知道，所有累積巨額財富的人，在獲得財富以前，都一定有夢想、希望、祈願、欲望和計畫。

在此，你必須知道，除非你讓自己對金錢產生強烈的欲望，並且相信自己會擁有它，否則你絕對不可能成為富人。

做一個偉大的夢想拓荒者

追求財富的人都知道，我們生活在瞬息萬變的世界，需要新觀念、新處事方法、新領袖、新發明、新教學方法、新行銷方式、新書、新文學、新電視節目以及新電影。在這些求新、求變的力量背後，有一項成功必備的特質，就是**「明確堅定的目標」**，你必須知道自己要什麼，擁有熾烈欲望。

渴望積聚財富的人應該謹記，世上真正的領袖會在機會出現之前，善用不具體、未成形的力量。他們將這些力量（或意念）轉化為摩天大樓、城市、工廠、飛機、汽車以及一切使生活變舒適的事物。

計畫獲取財富前，別讓任何人影響你，使你不敢夢想。若你想在多變的世界獲得最大收獲，必須效法拓荒者的精神，他們的夢想帶來益於人類的文明，這股精神亦成為國家的生命泉源，為彼此帶來機會，使我們得以充分發揮、展現自己的才能。

假如你想做的事是對的，而且你相信這點，請勇往直前，讓夢想起飛吧！即使遭遇短暫的挫折，也別在乎「他們的話」，因為「他們」並不了解：**每一回的失敗，都會為你帶來相等的成功**。

愛迪生夢想電力發光的燈炮，並立刻付諸行動，儘管歷經一萬次以上的失敗，仍堅持直至夢想實現。**實際的夢想家絕不輕言放棄**。

惠朗（Whelan）夢想開設一家煙草連鎖店，並付諸了行動，現在美國各大城市的街角都有聯合煙草店（United Cigar Stores）。

萊特（Wright）兄弟夢想製造能翱翔天際的機器，結果現在世人皆可見證他們堅定的夢想。

馬可尼（Marconi）夢想找出一個可以控制「乙太」（ether）的方法。世上的每一架收音機、電視機都可證明，他的夢想沒有白做。當時馬可尼宣布他發現可以傳遞訊息，而不須借助電纜或其他具體的通訊方式，他的朋友們曾叫人來逮捕他，送往精神病院接受檢查。比較起來，現代夢想家的境遇好多了。

這世界其實充滿機會，那是先前的夢想家尚未發掘的。

對夢想要深信不疑

想做「什麼人」和「什麼事」的熾烈欲望，是夢想家飛翔的起點。漠不關心、怠惰或缺乏雄心壯志的人無法成為夢想家。

記得，成功者的出發總是不順利，而且在「抵達目標前」，總會經歷許多**心碎的掙扎**。那些成功者的人生轉捩點，通常會與某個危機同時出現，透過那些危機，他們認識到了「**另一個自我**」。

約翰．本仁（John Bunyan）遭逢了重大不幸，他被關進俄亥俄州哥倫布市的小牢房之後，發現自己沉睡的天分。不幸的遭遇迫使他認識他的「另一個自我」，運用想像力，他終於發現自己是個偉大的作家，而不是遭人遺棄的可憐罪犯。

查爾士．狄更斯的第一個工作是替鞋蠟罐貼標籤，悲劇般的初戀刺傷他的心靈，使他成為偉大的作家。那場悲劇促成《塊肉餘生記》，以及一連串作品的誕生，那些作品為所有讀過狄更斯小說的人，創造一個更豐富、美好的世界。

海倫．凱勒出生不久，即變得又聾又啞，雖然遭逢此種不幸，她還是名留青史。她的一生證明了，**除非你甘心接受失敗，否則你絕對不會被擊敗**。

羅伯．柏恩斯（Robert Burns）原是目不識丁的鄉下小子，他出身寒微，長大還是個酒鬼，但世界卻因為有了他而更美好，因為他將美好的思想裝點成詩句，剷除心靈的荊棘，遍植為玫瑰園。

貝多芬耳聾，密爾頓（Milton）目盲，但他們的名字都亙古長存，永垂不朽，因為他們有夢想，並且化夢想為條理分明的思想。

渴望一件事，和準備好去接受它，兩者是有差別的。一個人唯有「相信」自己會達成目標，才算有接受的準備。心理上必須「深信不疑」，而非只是希望或祈願。開放的心才會有成功的信念，封閉的心靈激不起信心、勇氣和信念。

記住，**定立高遠的人生目標，要求富足與成功**，不要接受不幸和貧窮。

一位偉大的詩人曾透過以下詩句，正確表達這個普遍的真理：

我向生命再次講價，
生命卻已不再加酬，
夜裡無論如何乞求，
當我計數薄財依舊。
生命乃一公正雇主，
任何所求他願給付，
然而一旦酬勞講定，
汝之勞役汝須擔負。
向來辛勞只為薄薪，
悚然恍悟，早知如此。
要求生命定出高價，
生命原來皆願允諾。

我的兒子生下來就聽不見

我想介紹一位對我來說最特別的人，以表現此章精義。我第一次見到他，是他誕生之初。他一出生便沒有耳朵。醫生不得不承認，這孩子可能終生聾啞。我質疑醫生的看法。我當然有權如此做，因為我就是孩子的父親。我當時下定決心，心中的意念堅定。

在我心中，我知道我兒子一定可以聽見和說話。有何辦法？我相信一定會有辦法，我知道，我一定會找出辦法。我想起愛默生（Emerson）的不朽名言：「宇宙萬物運行之道，教導人類擁有信心。人類只須順從之，每一個人都會得到指引，透過謙遜的傾聽，我們都將得到適當的訊息。」

適當的訊息就是「欲望」。我渴望兒子不要成為聾啞人士，這渴望超越一切。對於這個欲望，我從未讓步。

我能做什麼？我要想辦法將自己熾烈的欲望移植入孩子的心靈，那股欲望就是，找出不經由耳朵將聲音傳到大腦的方法。

等孩子大到能配合我，我會在他心中澈底注入想要「聽見」的熾烈欲望，讓自然之道把這欲望轉化為事實。

我雖有這些想法，但沒告訴任何人。每天我都對自己重述：我兒子不該是聾啞者。

當他再大一點，開始注意到周遭事物，我們發現他有一點點聽力。到了一般小孩開始學說話的年齡，他沒有嘗試說話，但我們從他的動作看出，他聽得到一些聲音。那就是我想要知道的。我相信，只要他聽得到，即使是非常微弱的聲音，就有可能發展出更好的聽力。後來，發生了一件事，帶給我希望，這事完全出乎意料之外。

留聲機成為改變一生的「意外」

我們當時買了一部留聲機，兒子第一次聽到音樂，為之著迷，立即將之據為己有。有一次，他一再地播放同一張唱片長達兩小時，他站在留聲機前，張嘴用牙齒輕咬住機身邊緣。直到好幾年後，我們才了解他這種自然出現的習慣具有什麼意義，因為那時我們從未聽過「骨骼傳導聲音」的理論。

在他占用留聲機後不久，我發現，當我的嘴唇貼著他的耳後乳突骨說話，他可以清楚地聽到我的聲音，而乳突骨是頭蓋骨的一部分。

當確定他可以清楚聽到我的聲音，我立即把想聽、想說的欲望注入他心中。我發現兒子喜歡聽床邊故事，於是我開始編一些精心設計的故事，來開發他的自信、想像力以及「能聽、能說、能做一般人」的熱切欲望。

每次講故事，我總會特別添加一些新奇的、戲劇性的結局。我精心設計故事，以便在他心中植入一個觀念——**不幸並不是負債，而是無價的資產**。儘管我查驗過的道理皆清楚指出，「每一種不幸都會帶來相等利益」，但我必須承認，我當時完全不知道，這種聽不見的不幸如何化為資產。

六分錢贏得新的成就感

我分析這些經驗，發現兒子對我的信心和那些令人驚嘆的故事結局有很大的關係。他深信我告訴他的事。我灌輸他一個觀念，讓他相信自己擁有超越哥哥的優勢，而這個優勢會表現在許多方面。例如學校老師會因為注意到他沒有耳朵而特別關照他、待他更溫柔（的確如此）。我灌輸他另一個觀念，告訴他長大後，他賣報紙（他哥哥已是位報童）會比哥哥有利。因為人們看到一個小孩沒有耳朵，卻依然聰慧、勤奮，一定會多付些錢。

他快七歲時，證實了第一點，這證明我們對他的心靈輔導，開始開花結果。他一直央求媽媽允許他去賣報，但媽媽不肯妥協。

後來，他逮到機會。有一天下午，他單獨與佣人留在家，他從一樓廚房窗戶爬出去，再跳到地上，獨自出發。他向鄰近的鞋匠借了六分錢去買報紙，接著把報紙賣掉，再投資，如此反覆，直到天黑。最後，他還掉借來的六分錢，淨賺四十二分錢。當晚，我們回到家後，發現他已上床睡覺，手裡緊緊抓著賺來的錢。

他媽媽扳開他的手，拿出銅板，開始哭泣。怎麼回事？為兒子人生的第一次勝利而哭，真是不適當。我的反應正好相反。我開心地笑了，因為我知道，我已在兒子心中深植自信。

在他首次的冒險中，他媽媽看到的是一個耳聾的小孩，冒著生命危險跑到街上賺錢。我看到的則是一個勇敢、進取、有自信的小生意人，對自己的能力增添了百分之百的信心，因為他憑著自己的開創精神做生意，獲得成功。這樁交易令我欣喜，因為我知道，他證明了自己的足智多謀，而這會伴隨他一生。

耳聾小孩終於聽見了！

在聽不見老師聲音的情況下（除非近距離地大聲說話），這個耳聾小孩讀完了小學、中學和大學。他沒有上聾啞學校。我們不讓他學手語，執意讓他過一般的生活，和一般的孩子交往，雖然經常和學校教官爭辯，但我們一直堅持這個決定。

唸高中時，他試過電子助聽器，但無效。

唸大學的最後一個星期，發生了一件事，堪稱他人生的轉捩點，他偶然得到了另一個試用的電子助聽器。因為上回的失敗，他對這次的嘗試並不期待。他不抱希望地裝好電池並戴起助聽器，結果奇蹟降臨，他畢生渴望的聽覺竟成事實！他真的聽見了，而且和一般人一樣清楚。

這個助聽器所帶來的全新世界令他欣喜若狂，他立刻抓起電話，撥給他媽媽，並清楚聽見了她的聲音。隔天，生平第一次，他在課堂上清楚地聽見教授的聲音，他可以輕鬆地和他人談話，不必請他們說大聲一點。他終於擁有了一個全新的世界。

「欲望」已收到成效，但勝利還不夠完整。這孩子須需找出明確、實際的辦法，將他的缺陷化為**等值的資產**。

你認真，別人就把你當真

兒子當時還不懂那件事的意義，只是陶醉於全新世界所帶來的喜悅，他寫一封信給助聽器的製造商，熱切地描述他的經驗。信所展現的某些特質使公司邀請他去紐約。到達後，他被帶領參觀整個工廠，他和總工程師談話，告訴對方自己的全新體驗，此時，一個預感、一個構想、一個靈感——隨你怎麼說——閃過他的腦海。

就是這股意念，將他的苦難化為資產，註定回報他雙重的利益、金錢和數萬人的幸福。

那個意念的重點和結果是：他想到對數百萬未蒙助聽器之利的人來說，如果他能將自己的故事告訴他們，或許會對他們有幫助。

他進行一整個月的密集研究，分析助聽器工廠的行銷制度，想出和全世界重聽患者溝通的管道和方式，以分享自己發現的新世界。做完這項工作，他基於自己的發現，著手一個兩年的計畫。當他把計畫呈給這家公司，他立刻獲得聘用，讓他實現抱負。

剛開始上班時，他一點也沒想到，自己註定要為萬千失聰者帶來希望和解脫，那些人如果沒有他的幫助，將一輩子活在無聲的世界。

我深信，如果不是他母親和我殫精竭慮地照顧他的心理世界，我兒子布雷爾（**Blair**）將一生聾啞。

當我在他心中深植想聽、想說的欲望，渴望活得像一般人，那股欲望帶來某種奇異的影響，促使老天爺為他築起一座橋，跨越心靈與外界的鴻溝。

要把熾烈的欲望變為實質回報，須經歷曲折的路徑。布雷爾渴望正常的聽覺，現在他擁有了！他天生的殘缺很可能使他不敢奢望攀登勝利之峰。

他還小時，我在他心中深植的「善意謊言」，使他相信自己的不幸會變成資產，使他獲利，如今這個善意謊言已自證。**信心加上熾烈的欲望，使世間任何欲望得以實現**，不論正當與否。這些道理是任何人都可以免費獲得。

心靈力量讓人轉危為安

關於梅．舒曼．韓克（Mme. Schumann-Heink）有一段報導，可看出這位傑出女性成為傑出歌手的原因。我引述這段文字，因為此文章影射的，就是「欲望」。

在事業之初，梅．舒曼．韓克拜訪維也納宮廷歌劇院的指揮，請他聽聽她的聲音，但指揮沒試聽。他看了這位笨拙、穿著寒酸的女孩一眼，不客氣地對她說：「妳的外表毫無特色，怎能期望在歌劇界成功？好孩子，放棄這個念頭吧！買架縫紉機，找個工作。妳永遠成不了歌唱家。」

這說法實在是言之過早。維也納宮廷歌劇院指揮相當了解歌唱的技巧，但他不了解，**當欲望已成心中唯一意念，會產生多大的力量**。如果他稍加了解此力量，他就不會錯判天才的未來。

數年前，我的一位生意夥伴病了。他的病情一天天加重，不得不去醫院接受手術。醫生警告我，他可能沒多少生存機會。但，那只是醫生的看法，不是病人的看法。在他要被推走前，他虛弱地在我耳邊說：「別受他影響，老兄，幾天後我就會出院。」護士滿臉遺憾地看著我。後來，病人真的安全度過危險。事後，他的醫生說：「救他的是那股想活的欲望。要不是他拒絕接受死亡，他早就捱不過。」

我相信有信心支持的欲望之力，因為我見過這股力量將出身低微的人，推向權力與財富的高峰；我見過它從死神手中搶回生命；我見過人們在多次的打擊、挫折後，仍能高奏凱歌；我見過即使命運讓我兒生在一個沒有耳朵的世界，仍賜予我兒快樂、成功的生活。

一個人如何控制、使用欲望的力量呢？答案就在本書中。

透過某種看不見的心靈特質，造物者在熾烈欲望之中，賦予「某種東西」，它**絕不承認「不可能」**這類字眼，也不肯接受失敗。

意念的力量是無限的，除非我們有意限制。
貧窮與財富都是意念的產物。

第三章 信心

精確要點

信心是成功不可或缺的要素，會受到你下達給潛意識的指示所吸引、增強。

建立自信的五大步驟，全存於你現有的力量。你已了解自己可以因思考招致災難，或因思考獲致勝利和幸福。

林肯和甘地等人的故事告訴我們，意念可以產生「磁力」，吸引相關的意念，使數百萬個心靈團結一致，發揮力量。

取得收獲之前必先付出。富有的人必先了解這點，才能將掠奪性的生意轉變為與大眾合作或為大眾服務而依然有利潤的生意。

貧窮與財富皆為信心的產物。

信心是心靈的催化劑。當信心和意念結合，潛意識會立刻接收到那股震波，轉化為相等的精神力量，再傳達給大腦，產生智慧。

信心、**愛**和**性**對心靈的影響最大。三者融合即能有效地影響意念的「色彩」，使它立刻到達潛意識，轉化為同等的精神力量以產生智慧，促使人實際行動。

用潛意識培養信心

有一說能讓我們更了解自我暗示對欲望轉化為實質回報的重要性：信心是一種心理狀態，可來自**對潛意識的不斷肯定或反覆提示**，亦即自我暗示。

舉例來說，你讀本書的目的可能是要獲得力量，將欲望產生的意念，化為實質對等物或金錢。遵循「自我暗示」和「潛意識」章節的指示，你便能**使自己的潛意識深信自己會獲得所求的一切**，藉著互動的力量，潛意識會回傳給你「信心」，使你想出達成目標的明確計畫。

信心是一種心理狀態，熟悉本書十三條法則，可依自己的意志建立信心，因為信心就是透過這些法則，隨意念產生的心理狀態。

不斷反覆而肯定地對潛意識下達指示，是使信心自動發展的唯一方式。

或許以下對於犯罪的解釋，可以使你更清楚信心的意義。一位著名的犯罪學家曾說：「通常人們第一次接觸罪行時會感到憎惡。但假如他們不斷地接觸，一段時日後，他們便會習慣它、容忍它。若再繼續接觸，他們最後會擁抱它，受到罪行所控制。」

同樣的道理，如果不斷將某種意念傳達到潛意識，最終都會被接受，並使潛意識產生回應，以最實際的計畫，化意念為實質對等物。

請再想想這句話：所有情感化的（被賦予感覺的）意念，若融合信心，將立即轉化為與之相等的物質報酬或實質對等物。

賦予意念活力、生命和行動的重要因素中，**信心、愛和性對心靈的影響最大，若融合意念，將比其他因素，產生更大的行動力**。

其實不只是融合信心的意念，凡是融合正面情緒，或負面情緒的意念，最後都會影響潛意識。

相信我！沒人「註定」一生倒楣

透過以上的說法，你會了解潛意識也會對負面意念隨時做出反應，一如它對正面意念的反應。這點能解釋數百萬人經歷的「不幸」與「倒楣」的奇特現象。

有數百萬人源於一股他們自認無法控制的力量而相信自己「註定」貧窮失敗。但其實**他們就是創造「不幸」的人**，因為他們具有否定、負面的「信心」，傳至潛意識後，就化為實質對等物。

由此可知，如果你不斷將希望轉化為實質對等物或金錢的欲望並傳達至潛意識，你終能獲益，因為這種期望與自信會造成實質變化。

你的信心或信念是決定潛意識活動的要素，當透過自我暗示下達指示，沒有任何東西能防礙你「說服」自己的潛意識，正如我說服我兒的潛意識。

要使這種「說服」更真實，請你在叩啟潛意識之門時，表現得彷彿你已擁有夢寐以求的實質對等物。

由信心下達的指示，潛意識都會以最直接、實際的方式行使，轉化為實質對等物。

當然，我已為你做了許多心理建設，現在你可以開始身體力行，去獲得將信心與傳至潛意識的指示融合的能力，你必須實際去做才會熟能生巧，光靠閱讀這些指示是得不到的。

激發正面情緒以支配心靈力量，並打消、**去除負面情緒**，是你應該做的最基本行動。

由正面情緒主導的心靈，最有利於產生「信心」的心理狀態，可隨意對潛意識下達指示，使潛意識立即接受並採取行動。

自我暗示，引發信心

幾世紀以來，宗教人士一直教化在苦難中掙扎的人類，要「有信心」。他們教導人們各種教規、信條，卻無法告訴人們如何才能有信心。他們沒有指出「信心」是一種可以經由自我暗示引發的心理狀態。

我們將以淺顯的文字，敘述有關此暗示原則的一切，透過它，或許能讓缺乏信心者產生信心。

信任自己，信任永恆。

開始之前，再提醒自己一次：

信心是一劑永恆的特效藥，它為意念注入生命、力量和行動力。

信心是聚積財富的起點。

信心是一切「奇蹟」，以及無法以科學方法分析的奧祕事物的基礎。

信心是失敗唯一的解藥。

信心是一種「化學成分」，它與祈禱融告，能使人立刻產生智慧。

信心能將人類有限心靈所創造的平凡意念，轉化為對等的精神力量。

信心是一種媒介，人類唯有透過它，才能掌握並產生智慧。

自我暗示複述成功意念

自我暗示原則的力量證實信心。因此，讓我們把主題集中於自我暗示，去了解自我暗示究竟是什麼以及它能獲得什麼。

人終究會相信他不斷對自己複述的事，無論真偽，這是大家所熟知的事實。如果一個人不斷重複一個謊言，到最後他會相信那就是事實。**不同的表現，是因為心中所存的意念。**存於心中的意念，如果受到鼓勵，且融合一或多種情緒力量，便會形成強大的力量，指引、控制每個表現和行為。

以下真理之句深具意義，請牢記。

> 融合情緒的意念，會形成一股「磁力」，吸引其他類似或相關的意念。

此類與情緒「相吸」的意念，可喻為一顆種子，種在肥沃土壤裡，萌芽、成長、不斷繁衍，直到原來的小種子產生無以計數的同類種子。人類的心靈會不斷吸引與內心意念調和的波動。任何存於心中的思想、觀念、計畫或目標，皆會引來許多相關物，合併於本身的力量，使之成長，直到它成為控制並引發個人動機的主宰者。現在，讓我們回到起點，思考如何將觀念、計畫或目標的種子種在心靈。答案是：**任何觀念、計畫或目標皆可透過「反覆的思考」深植於心**。所以我要你寫明主要目的或確立首要目標，如此便能牢記，**日復一日，大聲複述**，直到這些聲音的波動傳達至潛意識。

請下定決心摒除一切不幸環境的影響，重建人生秩序。列出心靈的資產與債務清單，你會發現到**最大的弱點是缺乏信心**。透過自我暗示原則，殘障之痛可以克服，怯懦也可化為勇氣。此原則可透過簡單的步驟來應用，亦即將正面的意念**寫下來，熟記、複誦**，直到它成為潛意識的一部分。

熟記五大信心公式

①我知道我有能力達成我的明確目標，因此，我要求自己堅持到底，持續行動，向目標邁進。

②我了解心中的主宰意念終會自行重塑，成為外顯而實質的行動，逐漸轉化為實際物質，因此，我要每天花三十分鐘集中意念，想像我理想的未來，藉此在心中描繪一幅清晰的心靈圖像。

③我知道透過「自我暗示」原則，任何我謹記於心的欲望，終會用某些能達成目標的實際方式表達出來，因此，我要每天花十分鐘，要求自己培養自信。

④我已寫下我的明確目標，我一定要不斷努力，直到自己培養出足夠的自信，達成目的。

⑤我完全了解，財富與地位並不永久，除非它們以真理與公義為基礎，因此，我絕不去做不利於他人的事。我的成功，要靠發揮自己的力量以及別人的合作來達成，我一定會成功。基於我服務他人的意願，我促使他人為我服務。藉著培養對世人的愛，消弭心中的怨恨、嫉妒、自私和譏諷，因為我知道，以否定的態度待人，永遠不會成功。我將因信任他人、信任自己，使他人也信任我。我願意為此座右銘背書，並熟記於心，每天複誦一次，深信它會影響我的思想及行為，如此一來，我必定成為一個有自信又成功的人。

支持此信條的是一則人類無法解釋的自然法則。如何稱呼此法則並不重要，重要的是，積極應用它，絕對有益於人們的榮耀與成就。反過來說，消極地應用它，便會造成毀滅。人之所以會在挫折中倒下，並且在貧窮、不幸和痛苦中度過一生，是因為他們消極地應用自我暗示原則。因為，所有意念皆會以實質的對等物表現出來。

負面思考，失敗自找

潛意識無法分辨正面和負面的意念有什麼差別。透過意念，我們提供潛意識什麼，它就做什麼。潛意識可以毫不遲疑地把恐懼驅使的意念轉化為事實，正如它可以立即將勇氣和信心驅使的意念轉化為事實。

電力可轉動工業巨輪，在具建設性的使用下，提供有用的服務，也可以在錯誤的使用下，奪走性命。同樣地，自我暗示原則有可能引領你至安穩、成功之境，也可能引你墜入不幸、失敗和死亡的深淵，端視**你對自我暗示的**

了解與應用而定。

假如你充滿恐懼、懷疑和不信任，自我暗示原則便會接受這股不信任的精神，以它為藍本，使潛意識產生實質的對等物。

這就像風能使一艘船駛往東方，也能使另一艘船駛往西方，自我暗示原則可將你推上高峰或墜入低谷，端看你如何調整「意念風帆」。

透過自我暗示原則，任何人皆可登上意想不到的成就高峰，以下詩句充分描述了這原則：

如你「認為」自己會敗，你已敗了，
如你「認為」自己不敢，你就不敢。
如你「想」贏，卻「認為」贏不了，
則可斷定你與勝利無緣。

如你「認為」自己會輸，你已輸了，
放眼世界，我們發現，
成功始於人之「意志」——

一切決定於「心念」。

如你「認為」自己落後，你便落後，
你須帶著「意念」登高，
將於「相信」自己之後，
贏得榮耀。

人生戰役的勝者並非總是
力量較強或速度較快者，
勝利會歸於「確信」會贏的勇者！

注意詩中特別強調的字眼，可了解詩句的深層意義。

快喚醒腦中的天分

你的性格裡埋藏著許多成就的種子，只要喚醒並付諸行動，它將引領你至人生頂峰，成就之高可能是超乎你想像。

正如音樂大師能讓小提琴流瀉美麗的樂音，你也能喚醒在腦中沉睡的天分，驅策你登上高峰。

亞伯拉罕．林肯經歷過多次失敗，直到四十歲。他曾是個名不見經傳的無名小卒，後來生活遭遇重大的事件，喚醒了沉睡的天分，為世界創造一位真正的偉人。那次事件融合了悲痛與愛，來自於安．茹特莉姬（Ann Rutledge），林肯唯一愛過的女人。

「愛」的情緒和「信心」非常類似。因此，愛很容易將一個人的意念化為對等的精神力量。我分析數百位傑出人士的生平和成就，發現他們幾乎都受到女性之愛影響。

假如你想要證明信心的力量，不妨研究使用過信心力量者的成就，耶穌基督即是一例。基督教的精神基礎就是信心，儘管有很多人誤解這股偉大力量的意涵。

基督的教義與成就常被解釋為「奇蹟」，其實重點在於信心。假如有任何的「奇蹟」，也是透過信心產生的。

我們一起來思考、印證在印度聖雄默哈塔·甘地身上的信心力量。

甘地樹立了眾所周知的信心力量典範，他比同時代的人更會運用信心力量，雖然他沒有傳統的權力工具，例如金錢、戰艦、軍隊和戰略資源。甘地沒有財產、沒有家庭、沒有華服，但他的確有力量。他如何獲得力量呢？

因為他了解信心原則，所以產生力量，並透過自己的能力，把信心轉植在兩億人的心中。甘地了不起的成就在於，他影響兩億人的心靈，使大家團結，意念一致。

世上除了信心，還有哪種力量可以有如此成就？

富翁懂得先「捨」後「得」

經營事業需要信心與合作，本節將告訴你企業家和商人聚積財富的祕訣，想必會很有趣、有利。祕訣是：**想要獲取財富，你必須先「捨」後「得」**。

一九〇〇年，美國鋼鐵公司（United States Steel Corporation）的成立，使我們了解**構想**（ideas）**如何轉變為巨額財富**。

假如你是對如何聚積巨額財富感到好奇的人，美國鋼鐵公司發跡的故事將深具啟迪作用。假如你對「藉意念致富」感到懷疑，這個故事應可化解你的疑慮，你將在此故事中，清楚看見它應用了本書的大部分成功法則。

價值十億美元的窗邊對談

一九〇〇年十二月十二日晚上，美國八十位金融界大老在第五街的大學俱樂部宴會廳聚會，向一位來自西部的年輕人致敬，當時沒有幾個人知道，他們將目睹美國工業歷史上，最具意義的插曲。

傑・愛德華・塞門斯（J. Edward Simmons）和查爾士・史都華・史密斯（Charles Stewart Smith）十分感激查爾士・史瓦布（Charles M. Schwab）

於他們到匹茲堡訪問時所提供的招待，因此安排了這次晚宴，向東部的金融界人士介紹這位年僅三十八歲的鋼鐵業人士。但他們不希望史瓦布嚇跑與會人士。其實他們還警告史瓦布，這群矯飾自負的紐約人不會受演說感動，而且，如果史瓦布不想令史迪曼斯（Stillmans）、哈瑞曼斯（Harrimans）和凡德比茲（Vanderbilts）厭煩，他最好限制自己只說十五或二十分鐘的場面話。當時坐在史瓦布右邊的約翰．皮爾朋特．摩根（John Pierpont Morgan）原本也只打算短暫停留，為宴會增光而已。就報紙和大眾的眼光看來，整件事並無特殊之處，因此隔天，報紙並無相關報導。

兩位主人和顯赫的賓客就這樣用完七、八道菜，其間少有對話，即使有，話題亦相當有限。沒有幾位銀行家和經紀人見過史瓦布，即使史瓦布的事業已在莫諾加禾拉（Monongahela）沿岸蓬勃發展。然而，在晚宴即將結束，賓客——包含大財主摩根——準備離去時，一個身價高達十億美元的新生兒——美國鋼鐵公司，呼之欲出。

就歷史來說，此事可謂不幸，因為當晚查爾士．史瓦布於晚宴上的一席話竟毫無記載。可能因為那只是一篇平實無華的談話，又有一點不合文法（史瓦布向來不願費心修飾詞藻），雖然文中不乏雋語且交織著機智。不過，這席談話對於那些用餐者他們所代表的金額估計有五十億美元來說，擁有如電流般強烈的力量。史瓦布的演說結束之後，整個聚會仍沉迷於史瓦布的魔力，雖然史瓦布一共演說九十分鐘，摩根還是將這位演說者引至窗戶旁邊，兩人坐在不舒服的高腳椅上，翹著腿，多談了一個鐘頭。

史瓦布充分展現魅力，但更重要的是，他的這番言論為擴充鋼鐵業，定下完整、成熟、精確的計畫。在摩根合併餅乾、電纜、糖、橡膠、威士忌、石油和口香糖等產業之後，投機客約翰・蓋茲（John W. Gates）曾極力慫恿摩根合併鋼鐵業，但摩根不信任他。芝加哥股票經紀人莫爾（Moore）兄弟（比爾和吉姆）曾試著合併一家火柴公司和餅乾公司，但也失敗了。而虛偽的鄉村律師亞伯特・蓋瑞（Elbert H. Gary）亦想促成產業合併，但他不足以引人注意。直到史瓦布的自信言詞帶領摩根攀上高峰，使摩根預見到最大膽的金融業發展，這項計畫被視為金錢狂想者的狂妄夢想。

約在三十年前，商業海盜約翰・蓋茲將觸手伸入鋼鐵業，運用金融的力量，整合數千家小型公司與營運不佳的公司，合併成為具強大競爭力的大型公司。蓋茲已將一群小公司，合併成美國鋼鐵暨電纜公司（American Steel and Wire Company），並且和摩根創立聯邦鋼鐵公司（Federal Steel Company）。但是這和安德魯・卡內基（Andrew Carnegie）與五十三位合夥人所擁有、經營的垂直型托拉斯企業比起來，簡直是小巫見大巫。無論那些小公司怎麼合併，也影響不了卡內基的組織。摩根他深知這一點。

卡內基這位古怪的蘇格蘭老人也知道這一點。他高高站在史基伯古堡（Skibo Castle）富麗堂皇的頂樓，看著摩根的小公司想要妨礙他的事業，起先他帶著好玩的眼光觀看，後來，漸漸轉為不悅。當摩根的企圖變得太大膽，卡內基開始由憤怒轉為報復。他決定要複製摩根所擁有的每家工廠。在那之前，他未曾對電纜、水管或薄板感興趣。相反地，他很樂意賣生鋼給這些公司，讓它們將原料製成產品。現在，他讓史瓦布成為自己的得力助手，計畫澈底擊敗敵人。

這就是查爾士·史瓦布在談話中透露的訊息，摩根看到自己合併公司的下場。一個沒有卡內基的托拉斯企業不是托拉斯，就像堅果蛋糕缺少堅果。

史瓦布在一九〇〇年十二月十二日晚上的談話，間接點出龐大的卡內基企業可以納入摩根旗下。他談到未來全球的鋼鐵需求，談到有效的重組、專業化、削減不成功工廠、集中發展蓬勃產業、礦砂運輸的節約、一般部門與行政部門的節約，以及海外市場的掌握。

不只如此，他還指出某些商業海盜慣性掠奪行為的錯誤。史瓦布推論，他們的目的不外乎是壟斷、哄抬價格，藉以賺取豐厚的利潤。史瓦布以最誠摯的態度譴責之。他告訴聽者，事事高喊擴充反而會限制市場的發展。史瓦布主張，降低鋼鐵成本能創造不斷擴充的市場；而鋼鐵的多種用途將被發明，屆時，就可掌握全世界大部分的市場。事實上，史瓦布是現代化大量生產方式的倡導者，但他本人並不知道。

大學俱樂部的晚宴就這樣結束。摩根回到家中，思考史瓦布的願景。史瓦布回到匹茲堡為安德魯．卡內基經營鋼鐵業，蓋瑞和其餘的人則回去守著他們的證券發報機，無所事事地等著下一個行動。

摩根大約花了一個禮拜思索史瓦布的話。他確信這不會對財務造成不良影響之後，再度請史瓦布來作客，結果發現這位年輕人並不情願。史瓦布表示，如果卡內基先生發現他最信任的工作夥伴曾和華爾街之王暗通款曲，可能會不高興。因為卡內基下定決心，永不踏上華爾街。於是約翰．蓋茲這個中間人提議，如果史瓦布「碰巧」在費城的貝勒維（Bellevue）飯店，摩根可能也會「碰巧」在那裡。然而，史瓦布抵達貝勒維飯店時，摩根卻臥病在家，於是，在這位長者的迫切邀請下，史瓦布來到紐約摩根家的書房。

有些經濟歷史學家宣稱，他們認為這齣戲自頭至尾，就是安德魯．卡內基導演的。從邀請史瓦布的晚宴、著名的談話，到周日夜晚史瓦布和金融大王的會談，都是這位狡猾的蘇格蘭人安排的。然而事實正好相反。當史瓦布被請去完成這項交易，他甚至不曉得「小老闆」（他對卡內基的稱呼）是否肯聽從此提議，尤其他是要將東西賣給一群卡內基認為天生不高尚的人。但史瓦布去商談時，的確帶著印有他筆跡的六張紙，紙上所寫的數字代表他心中一些鋼鐵公司的實際價值及獲利潛能，而且他認為這些公司勢必會成為新金屬業的閃亮之星。

有四個人整夜細思這些數字。主席當然是摩根，他是個對金錢神聖權力堅信不疑的人。陪伴他的是貴族夥伴，羅伯特．培根（Robert Bacon），一位學者和紳士。第三位是約翰．蓋茲，摩根常譏刺他為投機客，卻利用他。第四位就是史瓦布。他是當時最了解製造及銷售鋼鐵的人。這場會議從頭到尾未曾質疑過史瓦布提出的數字。假如史瓦布說一家公司有多少價值，它就是那個價值，不多也不少，他堅持只併購指定的公司。他構想的合作關係不會有疊床架屋的情形，即使是他自己的朋友想讓實力雄厚的摩根扛下他們的公司，他也不會同意。

黎明時分，摩根站起來，伸直背。現在只剩一個問題。

「你能說服安德魯．卡內基出售嗎？」摩根問。

「我可以試試。」史瓦布說。

「假如你能說服他出售，我就承攬此事。」摩根說。

到目前為止事情堪稱順利，但卡內基願意出售嗎？他會要求多少代價

（史瓦布認為大約是三億二千萬美元）？他接受何種付款方式？普通股或優先股？債券？現金？沒有人能籌到十億美元的現金。

一月，在西卻斯特（Westchester）聖．安德魯高爾夫球場霜凍的石南荒地上，史瓦布和卡內基有一場高爾夫球賽。卡內基全身裹著毛衣禦寒，史瓦布和往常一樣，滔滔不絕地講話以提振精神。但對於生意之事，史瓦布隻字未提，直到兩人在卡內基位於球場附近溫暖舒適的農莊休息時，史瓦布才開口。史瓦布拿出大學俱樂部八十位百萬富翁的保證，承諾卡內基能擁有舒適的退休生活，而且會有無數位百萬富翁來滿足卡內基的社交奇想。卡內基投降了，他在一張紙條上寫下一個數字，交給史瓦布，說：「好吧，這就是我要賣的價錢。」

這數字大約是四億元，是以史瓦布所提的三億二千萬美元為底價，加上未來兩年約八千萬的預估增值。

後來，在一艘橫渡大西洋的客輪甲板上，這位蘇格蘭人苦笑著對摩根說：「早知道應向你多開價一億美元。」

「假如你當時開口，現在早就多擁有一億美元了。」摩根愉快地回答。

當然，此話一出，立即引來哄堂大笑。一位英籍記者報導，外國的鋼鐵界被這大規模的併購事件「嚇壞」。耶魯大學的校長哈德里（Hadley）宣稱，除非立即規範「托拉斯行為」，否則這個國家「未來二十五年內，將於華盛頓產生一位帝王」。但是，能幹的股市操縱者基尼（Keene）則於同時，努力將新股票強勁地推向大眾，以致所有過剩的資金（有人估計約為六億美元）瞬間被吸收。於是，卡內基得到他的數百萬美元財產，摩根集團在「混亂」中獲得六千二百萬美元的利益，而所有的「小弟」，從蓋茲到蓋瑞，都得到數百萬美元。

三十八歲的史瓦布也獲得他的報酬。他被任命為新公司的總裁，掌管整家公司，直到一九三〇年，共二十九年。

意念多大，衍生的財富就有多少

你剛讀完的故事，是個絕佳的例證，說明**欲望可以化為實質對等物**。

那個龐大的組織是一個人的心思創造出來的，他對這個組織的財務結構提出完整的企劃。他的**信心**、**欲望**、**想像力**、**毅力**是成就美國鋼鐵公司的最大推手。在公司合法成立後，所獲得的鋼鐵工廠和機械設備，雖說是附帶的，但是仔細分析，不難歸出一個事實：結合各廠並置於統一管理之下，就使各廠的價值增高約六億美元。

換句話說，查爾士·史瓦布的構想，以及他把構想傳達給摩根與其他人的信心，大約值六億美元。光是一個構想，就價值這個數字！

美國鋼鐵公司的事業興隆，成為美國最富有、最強大的公司之一，它雇用數千名員工，研發鋼鐵新用途、開發新市場，創造了六億美元的財富。

財富真是**始於意念**！

唯有意念不堅定的人，才會限制財富，但信心可以排除限制。當你準備交易，不論是何種交易，都要記住這一點，你會因為成功地做到這點，得以自己定價，要多少有多少。

第四章　自我暗示

精確要點

你擁有第六感，但要控制傳達到潛意識的意念，只須用到你的五感。一旦做到這一點，直趨成功的潛意識力量便會使貧窮無機可乘。

當情緒幫助你確實看到且感覺到財富，財富便會滾滾而來。請以明確的大數字來訂定自己的目標，同時定一個期限。

當你的潛意識提供計畫給你，要立刻執行計畫。靈感是可貴的，須立即把握。

「等待適當時機」可能會令你失敗。

有三個簡單的步驟能讓你精於自我暗示。確實遵循這些指示，你便能掌握自己的命運。

每個逆境都會帶來更大的利益。

一切透過五感傳到內心的指示和自我刺激，都可稱為「自我暗示」。換一種說法，自己對自己的暗示就是自我暗示，它是一種溝通的媒介，介於產生意念的意識與產生行動的潛意識之間。

透過意識會產生意念（無論是負面或正面的意念），自我暗示的原理會自動將這些意念傳達給潛意識，產生影響。

造物者如此造人，用意在使人類能完全控制潛意識，但是不表示人人都在應用這股力量。相反地，大部分的人並沒有應用它，這說明**為何有如此多的人終生貧困**。

請想一想本書對潛意識的描述，潛意識正像是一方沃土，假如未種植有價值的作物，雜草將恣意蔓生。自我暗示其實是一道**控制關卡**，透過它，可以依喜好，在潛意識中植入創造性的意念；或者輕忽漠視，任破壞性意念在這片心田中橫行。

主動、重複、熱情地想像成功

欲望點石成金六大步驟的最後一步，教你每天大聲唸兩遍自己寫的聲明，**唸出**你對金錢的欲望，**想像**、**感受**自己財富在握的樣子。遵循這些指示，你便能以絕對的信心，直接將欲達成的目標傳達至潛意識，透過**不斷重複**，自動產生化欲望為金錢的意念。

請將本節內容對照第二章的六大步驟，以及第四章的智囊團組成法則，你會發現，這些都與自我暗示有關。

因此，只是大聲唸出欲望聲明是沒用的，你必須融入情緒與情感，才能培養「金錢意識」。

此項事實非常重要，因此有必要在每一章都提起，因為大多數人都不了解這一點，造成即使利用自我暗示原則，仍達不到預期效果。平淡、沒感情的字句影響不了潛意識，除非學會**將充滿熱情信仰的意念和文字注入你的潛意識**，否則，你得不到可觀效果。

若你第一次嘗試，無法成功地控制、指揮你的情緒，請別氣餒。記得，天下沒有白吃的午餐，你不能作弊，即使你很想。獲得影響潛意識的能力，代價便是不懈地應用這些原則。你不可能僅以微薄代價，便想培養出這種能力。你必須自行決定，你所追求的報酬（金錢意識），是否值得你辛苦付出的代價。

使用自我暗示原則的能力，主要取決於你是否能**專注**於欲望，使它成為**唯一意念**。

強化專注力，財富就在眼前

實行「點欲望成黃金的六大步驟」，必須用到「專注原則」。

本節提出一些有效利用專注力的建議。當你開始實行六大步驟的第一項：「在心中定出所渴望之金錢的明確數字」，**請以專注力將意念集中於那個數字，或閉上雙眼集中注意力，直到你能看到那筆錢具體出現。每天至少做一次。**經過這些練習，再循「信心」一章的指示，你便能看到自己擁有這筆錢的樣子。

這裡有一個重點：潛意識會接受所有充滿信心地下達的指令，雖然這些指令需透過複述，才能深入潛意識。你的深信不疑可以使潛意識相信，你一定會擁有你所欲求的財富，相信這筆財富已等著你領取。如此一來，潛意識會奉上具體的計畫，助你獲取屬於你的財富。

將上一段所提的意念傳遞給你的想像力，看看它會做什麼來創造實際的計畫，以便透過欲望的轉化來聚積財富。

不要空等計畫出現，才打算以提供服務或賣出商品的方式來獲得想像中的財富，而是應該**立刻看見**自己擁有這些財富，同時**要求**、**期望**你的潛意識提出**計畫**。待計畫出現**立刻付諸行動**，它們可能透過第六感，以「靈感」的形式閃入你心。你要重視它，並且在接收它時立即回應。

六大步驟的第四項是教你「擬定達成所渴望之目標所需的明確計畫，並立即付諸行動」。你應該以上一段所說的態度來實行這項指示。當你透過轉化欲望，創造聚積財富的計畫，別相信你的「理智」，因為你的理智解析能力會怠惰，假如你完全依賴它，會令你失望。

當你想像企圖聚積的財富（閉著雙眼時），請同時想像自己為了這筆財富提供服務，或賣出商品的樣子，這很重要。

激勵潛意識必備三步驟

現在，我們整理六大步驟的相關指示，再融入此章，例如：

①到一個不會被干擾的地方（最好是晚上躺在床上），**閉上雙眼，大聲複誦**你寫的聲明，包括你想聚積的金錢數量、時限，以及你打算提供的服務或賣出的商品。實行這些指示時，你要想像自己已擁有這筆金錢。

舉例來說，假設你打算以銷售員的身分提供服務，在五年後的一月一日前聚積五萬美元，則你寫的聲明，應該像這樣：

「在○○○○年一月一日前，我將擁有五萬美元，這筆錢將以不同的數字陸續累積。

為得到這筆金錢，我盡量願付出所及最有效的服務，以××銷售員的身分，提供最佳、最完整的服務（描述一下你的服務，或要賣的商品）。

我相信我將擁有這筆錢。甚至已看到這筆錢在我眼前，我似乎可以摸到這筆錢。只要我提供服務，它便會立刻轉化為等價的利益。我在等待一個可以獲得這筆金錢的計畫，它一出現，我將立刻實行。」

②早晚重複此程序，直到你能看見（在想像中）欲獲得的金錢。

③將聲明放在你早晚都看得到的地方，在睡前和起床時立刻讀它，直到背起來。

記得，當你實行這些指示，你就是在應用自我暗示原則，目的在下達指令給**你的潛意識**。**同時記住，你的潛意識只會對情感化的指示**、用**「感情」傳遞的指示起作用**，而信心就是最好的選擇。請遵循第二章的指示。

剛開始，這些指示會顯得抽象，但別因此卻步。不管它們看來有多抽象與不切實際，實行就對了。假如你的精神與行動都能照指示去做，全新的權力世界展現於你眼前的日子就不遠了。

運用心靈力量讓自己成為主宰

對所有新觀念抱持懷疑態度是全人類的共通點。但是，如果你遵循上述指示，你的懷疑將被相信所取代，而且很快地轉化為信心。

很多哲學家說過，人是自己「塵世」命運的主宰者，但他們大多沒說明「為什麼」人是自己的主宰。本章清楚解釋人能主宰自己的俗世地位，尤其是經濟地位的原因：**人可以成為自己的主宰以及周圍環境的主宰，因為我們具有影響自我潛意識的力量**。

將欲望轉化為金錢的實際過程中，必須使用「自我暗示」。自我暗示是一種**媒介**，透過它可以控制、影響潛意識，其他的原則只是**工具**，你將利用它們來進行自我暗示。謹記這個觀念，你便能了解，自我暗示對聚積財富的重要性。

當你讀完本書，請回到這一章，以心和行動遵循以下指示：

每晚大聲朗讀這一整章，直到你完全相信「自我暗示」原則是完整且堅實的，深信它會引領你達成所求的一切。讀的時候，用鉛筆劃線，強調每一個有助於你、令你印象深刻的句子。

澈底且嚴謹地遵照以上指示，你便能了解、掌握成功法則。

每種逆境，每次失敗，每個心痛，
都會帶來相等或更多的利益。

第五章　專業知識

精確要點

知識是潛在的力量。你可以組織自己的知識提供自己明確的行動計畫。

敞開心胸接受來自經驗和來自其他人的知識。一如亨利・福特曾是個「無知者」卻能成為富翁。

利用此章的五種主要知識來源。知識是很容易取得的！

假如你不準備出售商品，也能以高價出售服務或構想。許多六十歲以上的人就是利用此法而成功。此計畫已提供數以千計懂得自律的青年明顯的晉升機會。

此章所提供的計畫書能令你在任何工作上領先他人十年。

知識鋪設通往財富之道——當你知道該走哪條路。

知識有兩種，一是普通知識，一是專業知識。普通知識無論多豐富、多廣博，都對聚積財富無助益。其實，大學各科系教授的知識大多是普通知識。大部分的大學教授都沒什麼錢，他們專精於知識的「傳授」，而非**知識的「組織」和「運用」**。

知識不會吸引金錢，除非經過組織和睿智的指導，透過實際的行動，巧妙地聚積財富。數百萬人錯信「知識即力量」而產生的困惑，都是源於對上述事實缺乏了解。然而，**知識只是潛在的能力**，唯有重新組織為明確的**計畫**，導向**明確的目標**，才能成為**力量**。

教育機構傳授學生知識，卻無法教導學生組織、運用知識，造成教育的「失落環節」。

很多人誤以為，亨利．福特只受過極少的「學校教育」，便一定是沒「教育」的人。犯此錯誤的人並不了解「教育」（educate）的真正意義，此字衍生自「educo」這個拉丁字，意指由內向外推演、產生和發展。

受過教育的人，不一定就擁有豐富的普通知識和專業知識。一個受過教育的人，應該充分發展心靈功能，在不侵犯他人權利之下，即能獲得想要的東西。

富有的「無知者」

第一次世界大戰期間，某分芝加哥報紙評論亨利．福特為「無知的和平主義者」。福特先生駁斥這種說法，並控告報社毀謗。法庭審判此案，報社律師為求辯護，置福特本人於證人席，要向陪審團證明福特的無知。律師問了福特各式各樣的問題，意圖證實福特雖然具有相當多關於汽車製造的專業知識，但就整體而言，他是無知的。

福特當時受到以下問題的攻擊：

「貝納狄特．阿諾德（Bendect Arnold）是誰？」以及「一七七六年，英國派遣多少士兵到美洲平息叛亂？」回答後一個問題時，福特先生說：「我不知道英國派到美洲平息叛亂的士兵數量是多少，但我聽說，去的人比回來的人多很多。」

最後，福特對一連串的問題感到厭煩，在回答一個相當具攻擊性的問題時，他身體向前傾，手指著發問的律師說：「如果我真想要回答你剛剛所提的愚蠢問題，我告訴你，我桌上有一排按鈕，只要按下正確的按鈕，我立刻能召來助理協助我回答任何問題，包括事業上的專業問題。現在，能否請你好心地告訴我，若我周圍隨時有人能提供我所需的知識，我為何要在腦裡塞滿普通知識來回答你的問題？」

那的確是個充滿邏輯智慧的回答。

那個回答難倒了律師。法庭內的人一致認為，做此回答的人，絕非無知之人，必是有識之士。真正有學問的人，知道該從哪裡獲取知識，也知道如何把知識組織成明確的計畫。透過「智囊團」的協助，亨利．福特掌握了他所需的專業知識，使他成為美國最富有的人之一。他根本沒有必要自己去背這些知識。

建立你的私人智囊團

在你確信自己有能力將欲望轉變為金錢之前，你需要具備服務、商品或職業等方面的專業知識，才能換取財富。或許你所需要的專業知識遠超過你的能力，因此你可透過你的「智囊團」，補足自己的弱點。

聚積財富需要力量，力量來自於高度組織與睿智指導的專業知識，但是，聚積財富的人，不一定要完全具備這種知識。

有些人並未受過必要的「教育」，無法提供自己所需的專業知識，但他們卻充滿致富的雄心壯志，對這類人來說，前述這段文字必可給他們希望和鼓舞。有些人因沒受過「教育」而終身自卑，其實一個人若懂得組織、領導一群具有聚積財富之實用知識的「智囊團」，他就跟團員中的所有人一樣有知識。

湯瑪士·愛迪生一生只受過三個月的學校教育，但他不是沒知識的人，更沒有死於貧困。

亨利·福特的教育程度連六年級都不到，但他卻在經濟上交出漂亮的成績單。

專業知識是最豐富、最廉價的服務！假如你懷疑這一點，請參考任何一所大學的教授薪資。

取得珍貴知識的管道

首先，釐清你所需的專業知識以及需要的目的。大體來說，你的人生目的、努力的方向，都有助於你決定自己需要何種知識。為解決這個問題，下一步，你須要找到可靠的知識來源。比較重要的來源有：

一、個人的經驗和教育。

二、透過他人（智囊團）的合作而獲得的經驗和教育。

三、各級學校。

四、公共圖書館（透過書籍和期刊來吸收有組織整理的知識）。

五、特殊訓練課程（例如夜校和函授學校）。

知識必須經過組織整理，並透過實際計畫來應用以追求明確的目標。**除非將知識應用於有價值目的的事物上，否則知識就沒有價值**。

假如你考慮接受進一步的學校教育，必先釐清目的，經由可靠來源尋找能獲得這種特殊知識的管道。

各行各業的成功人士，永不會停止吸取和目標、生意或職業有關的專業知識。不成功的人通常認為從學校畢業，就不用再吸收知識。事實上，學校教育所做的，只是教導你如何獲取實用知識。

今日講究的是「專業化」，新聞報導顯示，前哥倫比亞大學就業輔導中心主任勞伯・莫爾特別強調此一事實。

爭相禮聘的專才

有某方面專才的人，是各公司特別需要的人才，例如受過會計與統計訓練的商校畢業生、各類工程師、新聞記者、建築師、化學家以及具備傑出領導能力與活動規劃能力的畢業生。

一個活躍於校園，個性隨和、八面玲瓏，學業表現令人滿意的學生，絕對勝過讀死書的書呆子。有些學生因全方位的能力而獲得數個工作機會，有人的機會甚至多達六個。

有一家在同業中居龍頭地位的大型工作公司寫信給莫爾先生，提到對於較有前途之大專畢業生的看法：

「我們尋求的人才，是能在管理工作上有特別表現的人。因此，我們重視人格、智力與個性的特質，勝過教育背景。」

提議「實習制度」

莫爾先生策劃了一個制度，就是讓學生於暑假期間，到辦公室、商店和產業工作中擔任「學徒」。莫爾先生主張，應該要求每個大學生在唸完大二或大三時要「選擇一個確定的學科，而校方應設法制止學生們在非專業課程中虛擲光陰」。

他又說：「學校和大學必須認清，現在各種職業和工作要求的是專才」，因此他鼓勵教育機構要直接負起職業指導的責任。

對於需要專業教育的人而言，所能利用的最可靠、實際的知識來源，便是夜校，而函授學校也能用補習的方式，為信件能到達之地提供專業訓練。這種在家研修的好處，便是課程時間有彈性，允許人們利用閒暇時間學習。

另一個在家研修的好處（須先慎選學校），就是大部分這種學校所提供的課程，都有諮詢服務，對於那些必要的專業知識而言，這是極其珍貴的。無論你住在何處，都可享此利益。

不用錢的往往最浪費

不須努力、不費任何代價所得的東西，通常都不受重視，且經常是不光榮的。或許這就是我們在公立學校收獲很少的原因。一個懂得自律的人，會接受明確的專業課程訓練，以彌補自己在低廉義務教育下浪費掉的機會。

函授學校是個高度組織化的商業機構。學費低廉，須立即付費。而且無論學生成績好壞，都須繳費，所以學生必須遵照課程要求唸完，否則便形同浪費。在決定性、迅速性與貫徹事情的習慣上，函授學校可提供學生最佳的訓練。

早在四十五年前，我就從自身經驗中學到這一點。當時，我註冊了一個在家學習的廣告課程。上完十節課後我就停止學習，但學校並沒有停止寄帳單給我。更甚者，它堅持要我付費，無論我繼續學習與否。於是我決定，假如我必須付費（我依法有付錢的義務），就應該唸完所有課程才能值回票價。那時候，我覺得學校的收款制度未免組織得太嚴謹，但後來我才了解，那才是我所受最珍貴的訓練，而且免費。

最後我唸完全部的課程。年紀再大一些之後，我發現那間學校的收款制度很有效率，這個發現遠較我所賺取的金錢有價值。

隨時購買知識，充實自我

據說，美國擁有全世界最大的公立學校制度。**人類很奇怪的一點是，只珍惜要付費的東西**。美國的免費學校和免費圖書館，是免費的，所以往往無法使人印象深刻。這就是何以如此多的人在離開學校後才發現有必要再接受額外的訓練。根據經驗，**我知道任何放棄閒暇時光在家研讀的人，都具有成為領導者的特質**。

人有一種無可救藥的弱點——缺乏雄心壯志！**一般人若能成為利用閒暇**

時光在家學習的薪水階級，很少會久居低階職位。因為他們的行為開啟了晉升之路，衝破人生道路的障礙，贏得了機會的青睞。

在家學習的訓練方式，特別適合某些受雇者，因為他們離開學校才發現有必要獲得更多的專業知識，但已無閒暇再回到學校學習。史托特·奧斯汀·威爾（Stuart Austin Wier）的所學使他成為建築工程師，他一直從事此業，直到經濟蕭條限制市場，使他無法獲得理想收入。澈底檢視自身後，他決定改學法律，回到學校接受特殊教育，透過訓練使自己具備律師資格。他完成律師訓練，通過律師考試，很快就開創了收益豐厚的律師業。

針對人們可能會有的託辭，例如「我不能回學校唸書，因為我有家庭要養」或「我太老了」，我提供一項參考資料，即威爾先生回到學校唸書時，已超過四十歲，還有家累。然而，經由仔細挑選各大學所開的高度專業化課程，威爾先生在兩年內，完成大部分法律系學生需要四年才讀得完的學業。

由此可知，**懂得購買知識，一定會獲得報酬**。

簡單構想，獲得巨額回報

我們一起來思考一個特殊的例子。

一位雜貨店的售貨員突然失業，因此他選修了一門會計的專業課程，訓練自己熟習各種最新的簿記和辦公設備，並且自己經營生意。他回去找以前雇用他的雜貨商做生意，陸續和一百多位小商人訂定合約，以極低的月費為他們記帳，提供極實用的服務。

不久後，他發現須要在輕型貨車裡裝置一個「行動辦公室」，裝設最新的記帳機器。於是他擁有一隊「有輪子」的簿記行動辦公室，並雇用了許多助手，使他提供服務的商店可以花費較少的錢來獲得最佳的會計服務。

專業知識加上**想像力**，是獨特企業的**致勝要素**。隔年，這個售貨員所繳交的所得稅，幾乎是上一分工作薪水的十倍。

成功事業的起點就源自一個構想！

這位失業售貨員的構想，讓我想到另一個構想，有可能帶來更豐富的收入。當這位售貨員想出這個可解決失業問題的構想，他想：「我喜歡這個構想，但我想不出能將它轉換為金錢的辦法。」換句話說，他獲得了簿記知識，卻想不出銷售簿記知識的辦法。

這個構想引發了另一個必須解決的問題。因此，有位能整合所有資料的年輕女打字員準備了一本手冊，仔細解說了新簿記系統的好處。她將每一頁的字都打得很整齊，裝在一個夾子裡，手冊的作用有如一位無聲的售貨員，有效地介紹新行業的內容，使手冊主人快速獲得許多的記帳工作。

你要有一分尋求理想工作的計畫書

由此可知，專家需要行銷人員替他推銷他的個人服務，必須有人替專家準備一本吸引人的手冊。

這本手冊介紹的構想誕生於需求，發想者的目的是要用它應付緊急狀況，但並未在服務一人之後就畫下句點。創造手冊的女士具有敏銳的想像力。她看到這個新行業的可能性，這個新行業就是推銷個人服務，提供實用指引。

由於第一個「銷售個人服務的準備計畫」收到立竿見影的成效，這位活力充沛的女士受到激勵，轉而為自己的兒子解決類似問題，她兒子大學剛畢業，找不到工作。女士為她兒子前途所想的計畫，是我見過最出色的「推銷個人服務計畫」。

她為孩子做了一本計畫手冊，內容包含近五十頁的精美打字，以及適度組織的資料，介紹她兒子的才能、教育程度、個人經歷以及其他廣泛而難以形容的多樣化資料。計畫手冊詳盡描述她兒子所渴望的職位，並且以令人讚嘆的文筆勾勒對此職位的願景與實際想法。

為了準備這本手冊，她辛苦了好幾個星期，那期間，她幾乎每天要求兒子到公立圖書館，查閱能將服務賣出最高價的資料。此外，她讓兒子去搜集未來雇主競爭對手的經商方式，這些資料很有價值，絕對能幫他獲得理想職位。此手冊甚至提出六項以上符合未來雇主與利益的絕佳建議。

好消息：你不必從最底層開始！

有人或許會問：「何必為找個工作如此大費周章？」

答案是：「**想做好一件事，永遠不能嫌麻煩！**這位女士為兒子利益所準備的計畫，讓兒子在第一次面談時，即以預計的報酬，獲得自己想要的職位。」

而且這個職位不要求他從底層做起。一進公司，他便擔任低階主管，領主管級的薪水。

「何必大費周章」嗎？

哦，還有一件事，這種有計畫的求職表現，為他省去不只十年的時間。因為如果「從底層開始慢慢晉升」，要爬到他現在就擁有的職位，可能要花上不只十年的時間。

從基層做起，慢慢往上爬的觀念似乎很有道理，但我反對它的主要理由是：**有太多從基層做起的人，永遠找不到機會展露頭角、受到注目，**因此人生多半困守基層職位。同時要記住，從基層觀點看問題，往往是令人洩氣而沮喪的，它會扼殺一個人的雄心壯志。我們稱為「聽天由命」，意思就是認命。因為我們已養成習慣，不再努力嘗試。這就是我主張**跳過基層職位、展開職業生涯**的原因。藉著這種做法，可以養成隨時留意周遭的習慣，觀察他人如何進步與機會之所在，並且毫不遲疑地擁抱機會。

讓不滿化為動力

在這裡我要以丹．賀賓（Dan Halpin）的傑出例子來解釋。他在大學時期已是風靡一九三〇年的美國冠軍橄欖球隊聖母隊（Notre Dame）的經理，當時指導球隊的是已故的紐特．洛克尼（Knute Rockne）教練。

賀賓畢業於一個不利的年代，當時經濟蕭條使得工作很難找，因此，他在銀行業和電影業虛擲了一段時光，接著得到第一個具有潛力的機會——以抽取佣金的方式賣助聽器。那是個任何人都可勝任的工作，賀賓知道這點，但對他來說，這工作已足以用來開啟機會之門。

將近兩年的時間，他從事不對自己胃口的工作，要不是他想辦法解決這種情形，他可能永遠無法晉升。起初，他把目標定為銷售副理的職位，結果他成功了。這次的晉升讓他於較優越的地位，看到更大的機會，同時也讓機會看到他。

他銷售助聽器的紀錄如此輝煌，使公司的生意對手、歷史悠久的迪克多偵聽器公司（Dictograph Products Company）董事長安德魯斯（A. M. Andrews）很想了解拉走大宗生意的丹．賀賓。他請賀賓前來面談，結束後，賀賓成為了迪克多公司的新銷售經理，負責助聽器部門。接著，安德魯斯為了試驗賀賓的能耐，派他到佛羅里達三個月，放任他在新工作中沉浮。結果，他沒有沉下去！紐特．洛克尼的精神是：**「世人皆愛勝利者，無暇顧及失敗者」**。這激勵他全力投入工作，使他後來被任命為公司的副總裁，這個工作是大部分人須要鞠躬盡瘁十年，才能享有的榮耀，賀賓卻變戲法般地在六個多月內達成。

我想要強調的是，無論是攀登高位或屈居低位，都是我們能控制的——假如我們渴望去控制。

所有同事都可能是你的無價之寶

我要強調另一個重點——**成功或失敗，大多是「習慣」導致！**我深信丹．賀賓和美國有史以來最偉大橄欖球教練的關係密切，有助於他培養求勝的欲望，就和聖母橄欖球隊舉世聞名的求勝欲望一樣。的確，英雄崇拜是有所幫助的——但我們崇拜的人必須是勝利者。

我認為，不管是成功或失敗，**與何人共事**也是極重要的因素。在我兒子布雷爾向丹．賀賓提出自己的理想職位時，證明了我對此理論的信心。賀賓先生提供給他的起薪只有另一家對手公司的一半。我向兒子施加壓力，誘導他與賀賓先生一起工作，因為我相信，**和一個拒絕與逆境妥協的人共事，是永遠無法以金錢衡量的資產**。我之所以在此花時間說明如何藉著適當的計畫避免從低層幹起，就是因為低階職位對任何人來說，都是單調、沉悶、無利可圖的。

知識實現構想，構想累積財富

那位為兒子準備「個人服務推銷計畫」的女士，後來收到來自全美國各地的請託，要求她為其他渴望推銷個人服務以賺取更多錢的人，準備類似的計畫。

不要以為她的計畫內容純粹是巧妙的推銷術，不要以為她只是藉此計畫，幫助人們以相同但較廉價的服務獲取更多的報酬。事實上，她兼顧買主與出售個人服務者的利益，而且計畫是依此目標擬定的，因此雇主所付出的代價總是值回票價。

假如你富有想像力，而且想為你的個人服務尋求更有利可圖的出路，這個構想或許正是你一直在尋找的。一個構想能帶來的收入，甚至高過那些須要接受好幾年大學教育的「一般」醫生、律師和工程師的收入。

一個好的構想是沒有定價的。

所有構想的背後支柱都是**專業知識**。很不幸地，那些沒有得到大量財富的人，都是因為他們只有豐富的專業知識，卻欠缺創業的好構想。我相信

「個人服務推銷計畫」的需求仍不斷在增加。因為能力意味著**想像力**，使**專業知識與創業構想**合併成**有組織的計畫**來**獲得財富**。

假如你富有想像力，第五章給你的構想，可能足以做為你追求財富的起點。記住，構想才是重點，專業知識隨處可得！

第六章　想像力

精確要點

你能經由練習，讓綜合性想像力及創造性想像力合作無間。

想像力是許多人失敗的原因，也是許多成功的催化劑。阿瑟·甘德勒並沒有發明可口可樂的成分，他只是提供將成分轉為財富的想像力。

當你為了一個明確且佐以想像力的目標，以明確的數字來渴望金錢，無限的金錢便等著你取得。

許多財富只因一個簡單的構想便可獲得。即使你沒有創新的計畫，你也可以藉著突然閃現的靈感，獲得數千萬。

最好的工具需要懂得使用方法的人。

想像力簡直像工廠，人類所創的計畫，皆在其中成形。透過心靈的想像，衝動與欲望成形，賦予行動力。

人類可以創造任何想像出來的東西。

透過想像力，人類在過去五十年所發現與駕馭的自然力量，超越過去在此方面的所有成就。例如，人類完全地征服天空，鳥類在飛行上根本不是人類的對手。人類甚至在距離太陽數百萬英哩的地方，分析、測量太陽的質量，並且透過想像力，分析太陽的組成。另外，人類加快了交通工具的速度，能以超過六百英哩的時速旅行。

在理智範圍內，人類唯一的限制，在於想像力的發展與使用。然而，人類對於想像力的使用，還未臻極致，我們只發現自己有想像力，且是以基本的方式來應用它。

想像力愈用愈發達

想像力依功能分為兩種型態，一種為著名的「綜合性想像力」（Synthetic imagination），一種為「創造性想像力」（Creative imagination）。

綜合性想像力：透過這種能力，人可以將舊觀念、構想或計畫，重整為新的組合。這項能力沒有「創造力」，它只是經驗、教育和觀察的延伸。它是發明家最常用的能力，但當綜合性想像力無法解決問題，有一些「天才」就會利用創造性想像力。

創造性想像力：創造性想像力能使人類的有限心靈直接與宇宙的無窮智慧連線。「預感」和「靈感」便是透過此能力獲得。所有基本或新的構想都是藉這種能力傳至個人。**人可透過這種能力「進入」、聯繫他人的潛意識**。

創造性想像力會自動發揮功能，詳細方式請見第七章。這種能力是只有意識高速活動才會發生作用，例如，用「強烈欲望」去刺激意識。

此外，**創造能力的靈敏程度，與利用它的次數成正比**。

偉大的商界、工業界和金融界領導人物，以及藝術家、詩人和作家之所以有如此成就，便是因為他們發揮了創造性想像力。

綜合性想像力和創造性想像力的靈敏程度，**會因不斷使用而增強**，正如人體的肌肉與器官，都是愈用愈發達。

欲望只是一種**意念**，一種**衝動**，模糊且短暫，在轉變為實質對等物以前，是抽象、沒價值的。在轉化欲望為金錢的過程中，綜合性想像力最常被使用，但你必須記住，你可能會面臨須要用到創造性想像力的狀況。

運用想像力構築實質計畫

你的想像力可能因為沒使用而衰退，也會因為使用而復甦、靈敏。若此能力久未使用，可能會沉寂，但**不會消逝**。

請專注於發展綜合性想像力，因為這是在轉化欲望為金錢的過程中比較常用的能力。

把模糊的衝動和欲望轉化為實質、具體的事實與金錢時，你須要使用

到一個或多個計畫。這些計畫必須藉想像力來形成，但主要是運用綜合性想像力。

請看完整本書後，再回到這章，立刻**運用想像力，構築計畫，化欲望為財富**。在每一章中幾乎都有描述構築計畫的詳細指示。接著，即刻採取行動去實行最適合你的指示，**將計畫寫成書面文字**。**完成這點後，你模糊的欲望就會有具體的形式**。將上述句子再讀一遍，大聲而緩慢地唸出來，請記得，在你將欲望聲明和計畫寫成書面文字時，你已實行了第一步驟，這將使你化意念為實質對等物。

導向財富的無形能量

你生活的世界、你本人和所有物質，都是進化的結果。在進化過程中，各種物質以井然有序的方式被組織和安排。

在你體內，組成數十億細胞的原子，**每一個皆始於無形的能量**。

欲望是一種意念，而意念是一種能量形式。當你開始有意念、欲望，想要聚積財富，你就是在利用一種說不出的「能量」，這種能量和大自然創造地球及萬物所用的能量相同。

你可以透過不變的法則創造財富，但首先你必須**熟悉**這些法則，**學習如何使用它們**。我希望經由不斷的重覆與從各個角度切入來講述這些法則，呈現獲得巨額財富的祕訣。這個「祕訣」看來奇特且似非而是，但並非是不為人知的祕密。我們所居住的大地、天上的星座、運轉的行星、來自四面八方的自然力，每一片葉子以及舉目所見的各種生命形式，都來自這個大自然的法則。

接下來講述的法則將拓展你對想像力的了解。第一次讀到此法則，請先吸收你了解的部分，再次閱讀時，你會發現思路變清晰，能更進一步了解。最重要的是，閱讀這些法則時不要停下來、不要遲疑，直到至少將此書讀過三遍，你自然會欲罷不能。

如何運用想像力實際致富？

構想是所有財富的起點，也是想像力的產物。我們一起來檢視一些帶來驚人財富的知名構想。希望這些例子能傳達一些訊息，教各位如何使用想像力聚積財富。

一把魔法茶壺變出世界飲料王國

五十年前，一位鄉村的老醫師駕著馬車來到鎮上，他栓好馬後從後門悄悄溜進了藥房，和年輕的藥房職員「交易」。

老醫師和職員在配藥櫃台後面低聲交談了一個多鐘頭。然後，醫師走了出去。他走向馬車，攜來一隻老式的大茶壺和一支木製的大杓子（用以攪伴壺內的東西），並置於藥房後面。

藥房職員檢查過茶壺，伸手探入口袋，拿出一捲鈔票交給醫師。那捲鈔票剛好是五百美元——這是職員的全部積蓄。

醫生交給他一張紙條，上面寫著一則祕密處方。紙上所寫的文字價值連城，但對醫師卻不值錢！那些神奇的文字即將使茶壺沸騰，但醫師和年輕的職員都不知道，壺裡會流溢出多麼驚人的財富。

醫師很樂意以五百元的代價出售那一套設備。職員則願意冒險將畢生積蓄傾注於一張小紙片和一把老茶壺！他未曾夢想過，他的投資會使一把老茶壺溢出黃金，效果之神奇甚至超過阿拉丁神燈。

其實，職員**買的是一個構想**（idea）！

老茶壺、木杓和紙上的祕密處方都是偶然的！茶壺的神奇作用來自新主人將祕密處方和一種老醫師全然不知的成分混合。

你猜他加入了什麼成分呢？本章收錄的故事都是真實的，是始於「構想」的真實故事，雖然它們看來比虛構的故事更神奇。

我們來看這個構想所產生的驚人財富吧。這把老茶壺至今仍然很值錢。這把老茶壺每年耗費數以百萬計的玻璃瓶，提供大量工作給玻璃工人。

老茶壺也提供了工作機會給無數的店員、廣告撰稿者以及廣告商，以及創造許多精緻圖片來描繪產品特性的數十位藝術家。

老茶壺使一個南方小城搖身一變成為南部的生意大城，現在，這個城市的各行各業，以及每一位居民都蒙受其利。

這個構想的影響力，使全世界的文明國家為之獲利，傾瀉出源源不絕的財富給所有相關的人。

老茶壺的財富得以成立、經營、維持一所學院，成為美國南方最卓越的學院之一，有數千位年輕學子都在那裡接受成功的訓練。

如果那把老舊的黃銅茶壺所製的產品會說話，一定會以各種語言說出令人興奮的浪漫故事，諸如愛的羅曼史、商業傳奇以及每天受激勵的職場人的不凡故事。

我至少可以確認有一則羅曼史是真的，因為我便是故事的主角之一。故事發生在藥房職員購買老茶壺的地點不遠處。我就是在此遇到內人的，而且，也是從她口中第一次聽到魔法老茶壺的故事。當我向她求婚，請求她「無論好壞」全盤接受我這個人的時候，我們喝的就是那把老茶壺的產品。

無論你是誰，身在何處，從事什麼工作，將來，每當你看到可口可樂（Coca-Cola）這幾個字，請記住，**龐大的財富和影響力強大的帝國，就是來自一個構想**。而那個藥房職員——阿瑟．甘德勒（Asa Candler）——添加於祕密處方的神奇成分就是**想像力**。

請暫停片刻想一想。

書中描述的致富步驟是一種媒介，透過它，可口可樂的影響力才能擴展到每個城市、鄉鎮、村落以及全世界。任何你創造出來和可口可樂一樣「正確而有價值」的構想，都可能再創此光榮。請記住這一點。

三十六小時獲得一百萬美元！

本節故事證實「有志者，事竟成」。這是由我摯愛的教育家兼牧師——已故的法蘭克．甘梭羅士（Frank W. Gunsaulus）牧師告訴我的，他從芝加哥的畜牧區（Stockyards）開始傳道事業。

甘梭羅士博士唸大學時，發現學校的教育制度有多項缺失，他相信如果自己當校長，一定可以糾正這些缺失。

於是他下定決心籌組建立一所新大學，如此他便可以實現自己的理想，不必受制於傳統的教育方式。

實行此計畫需要一百萬美元！他要到哪裡去籌這筆錢？這個問題一直盤

據在他心頭，困擾這位雄心勃勃的年輕牧師。

他一籌莫展。**每個夜晚，那個念頭隨他入夢。早晨，亦伴他甦醒。無論走到哪裡，這念頭總是如影隨形地跟著他。他反覆思索，直到它成為縈繞心頭的唯一「意念」**。

學者兼牧師的甘梭羅士博士表示，「明確的目標」是必要出發點。他承認，當支持著目標的是一股化目標為實質對等物的熾烈欲望，目標的明確性便會引發**熱情**、**生命力與力量**。

這些道理他都懂，但他不知道如何或從哪裡取得一百萬。一般人在這種情況下早已放棄：「啊，算了，我的構想雖好但沒用，因為我永遠籌不到一百萬。」這的確是大部分人會說的話，但甘梭羅士博士不這麼說。他說的以及他做的，意義如此深重，因此，我現在鄭重介紹博士出場，由他親口來說：

「某個禮拜六下午，我坐在房裡，思考該如何籌錢以實現計畫。我有近兩年的時間都在想這個問題，**然而除了想，我並未採取行動！**

該是行動的時候了！

我下定決心，一定要在一週內獲得一百萬。用何方法？我還不確定。重點是要在一定時間內獲得這筆錢的決心，而且我告訴你，**就在我下定決心，**

要在一定時間內獲得那筆錢的剎那，一股強烈的信心立即襲上心頭，那是我從來不曾經歷的。我內心似乎有個聲音在說：『你為何不早下此決定呢？那筆錢一直在等著你啊！』

事情發生得很快。我打電話給一家報社，宣布我隔天早上要講道，講題是：「如果我有一百萬，我會做什麼？」

我立刻著手準備講道，但我坦白說，這工作並不難，因為我已經為這場講道準備了近兩年的時間。

那晚，我早早寫完講道詞，充滿信心地入夢，因為我看到自己已擁有一百萬美元。

隔天早上，我起了個大早，走進浴室，閱讀講道詞，然後屈膝祈禱，希望這篇講道詞能吸引願意提供這筆錢的人。

當我祈禱，我再一次產生這筆錢一定會出現的信心。我興奮地走出來，卻忘了帶講道詞，直到我站在講壇上正要開始講道才發現。

當時，回去拿已太遲，但來不及回去拿真是一個恩典！由於沒有講道詞，我的潛意識自動產生我所需的資料。我起身講道，閉上雙眼，全心全意地述說我的夢想。我不只是對聽眾說，我想像自己是在對上帝說。我告訴他們，假如我有一百萬美元，我可以利用它來實現我的夢想。我告訴他們，我要籌組一所優良的教育機構，教導學生實用的知識並發展心靈。

當我講完坐下來，一個坐在大約倒數第三排的人慢慢地起身，走向講壇。我心裡納悶他想做什麼。結果他走近講壇，伸出手說：『牧師，我喜歡你的佈道。我相信，假如你有一百萬美元，你一定會做到你所承諾的事。為了證明我相信你和你的講道，如果明早你能到我辦公室，我就給你一百萬美元。我的名字叫菲利普．阿莫爾（Phillip D. Armour）。』」

於是，年輕的甘梭羅士到了阿莫爾先生的辦公室，並得到一百萬美元。他以那筆錢成立阿莫爾技術學院，即現在聞名的伊利諾州理工學院。

那一百萬美元來自構想，支撐構想的則是年輕的甘梭羅士在心中醞釀近兩年的欲望。

請注意到一個事實：當他下定決心要達成目標，且決定達成目標的計畫，不到三十六小時，他便得到這筆錢。

年輕的甘梭羅士想獲得一百萬美元的模糊念頭以及微弱的希望並無任何新穎或特殊之處，許多人都有過類似的念頭。他的特異之處在於那個值得紀念的禮拜六，他將模糊與不確定的想法具體化，明確說出：「我要在一星期內獲得一百萬美元！」

不只如此，甘梭羅士獲得百萬美元的原則，至今仍然實用！你也可以利用它！這個普遍的原則，至今依然行得通。

構想可以把滯銷的商品賣完

請注意阿瑟．甘德勒和法蘭克．甘梭羅士博士的共通點。他們都了解一項驚人事實，即透過明顯**目標**以及明確**計畫**，**構想**可變為**金錢**。

假如你相信辛勤工作和誠實是唯一致富之道，請斷了這個念頭！豐厚的財富絕非只靠辛勤工作便能得到！財富明確需求的回應，基礎在於應用明確的原則，而非只靠機會或運氣。

一般來說，構想是藉由想像力驅策行動的意念。**所有傑出的銷售員都知道，構想可以銷售滯銷的商品**。但一般的銷售員就是不懂，這就是他們「平凡」的原因。

某位廉價書的出版商發現許多人買的是書名，而非書的內容。一本原本滯銷的書，只要編輯將不太動人的書名改一下，銷售量即可躍增，超過百萬本。其實，書的內容並無改變，他只是撕去印有缺少賣點書名的封面，重新貼上有「票房」的書名。

這個動作看來簡單，其實就是一個構想！一種想像力！構想沒有標準價格，創造者可以自定價格，而且你若夠聰明，一定可以得到你想得到的價格。

每一個巨額財富的故事幾乎都始於構想創始人與行銷人合作、完美演出的那一天。卡內基身旁環繞著一群能為人所不能為的人，他們創造構想，實際推動構想，使卡內基及其他人富有得令人難以置信。

有好幾百萬的人一生盼望著幸運。或許好運的確能給人機會，但最安全的計畫不能靠運氣。我確實是因為一次的幸運，為我的人生帶來機會，但在機會變為資產以前，我所投注的是**二十五年的堅毅努力**。

「機會」使我幸運地遇到安德魯．卡內基並和他合作。在那一次的機遇中，卡內基在我心中植入一個構想——將成就原則組織為成功哲學。這二十五年的研究使千萬人獲益，其實此套成功法的起點很簡單，是任何人都創造得出的構想。

遇見卡內基是我的幸運，但是我的決心、明確目標、達成目標的欲望以及二十五年的堅毅努力呢？我用來戰勝失望、氣餒、暫時的挫折、批評以及一波波「白費時間」聲浪的，不是普通的欲望，而是一種熾烈的欲望！一種縈繞於心，揮之不去的意念！

當卡內基先生首次將此構想植於我心，我便想盡辦法培育它，讓它成長。**構想在它本身的力量下慢慢長成巨人，反過來引導我、關照我、驅策我。構想的確如此。起初，你產生它們，賦予它們行動力，指引它們，接著它們會茁壯，藉本身的力量，掃除所有障礙。**

構想是無形的力量，但卻比產生它們的有形頭腦更有力量，當創造它們的頭腦歸於塵土，構想仍有繼續生存的力量。

第七章　條理分明的計畫

精確要點

四個有力的原則指導你組織一個「智囊團」，它能大為擴展你的致富力量。

你可以選擇能激勵你、能和你分享心靈力量、回應並強化你信心的人。

請利用成功領導者的十一個關鍵特質、十個領導可能失敗的原因，擺脫負面影響，了解六個需要新領導的領域，活用五個在你希望的領域中獲得理想職位的方法。

根據這章提供的計畫撰寫簡歷或履歷表，機會將為你開啟，雇主也會邀請你擔任重要、高薪的工作。

美國的富庶建立在資金，也就是來自你本身所擁有的無窮資金。

成功無須解釋，失敗不容答辯。

任何人所創造或獲得的東西，都是從欲望的形式開始。欲望是旅程的第一站，它從抽象到具體，進入想像力的工作室，實現欲望的計畫。

第二章的欲望點石成金六大步驟，第一步就是要形成一個或多個明確、實際的計畫。

現在，讓我教你如何構築實用的計畫。

①結合一群你需要的人才，以累積財富為目的，用第十章組成智囊團的原則，去籌備、實行你的計畫。

②組成「智囊團」之前，先決定你可以提供什麼好處或利益給團隊的每個人，來回報他們的合作。**沒有人會願意在沒有任何報酬的情況下，無限期地工作；沒有一個聰明人會要求或期望他人工作，卻不給出適當的報酬**，雖然報酬不一定都是金錢。

③安排與「智囊團」成員的聚會，每週至少兩次，直到你們同心協力完成一項或多項致富計畫。

④與「智囊團」的每位成員**保持和諧關係**，假如你無法分毫不差地遵循此項指示，你將會遭遇失敗。沒有和諧的關係，無法整合「智囊團」。

記住以下事實：

- 你正在從事一項對你很重要的工作。一定要成功，你必須制定零失敗率的計畫。
- 你必須借重他人的經驗、教育、才能與想像力。每一個成功致富的人都採用過這種方法。

沒有任何人可以不須與他人合作就擁有充分的經驗、教育、才能和知識，或確保豐厚的財富。你的致富計畫，應該是你與全體「智囊團」成員的心血結晶，你計畫的全部或一部分，也許是你草擬的，但那些計畫必須讓「智囊團」成員檢視，得到他們的贊同，才可付諸實施。

如果第一個計畫失敗，再試一個！

假如你採用的第一個計畫不成功，請再擬一個，假如新計畫又失敗，即再換一個，依此類推，直到你找到有效的計畫。大部分人失敗的關鍵即在於缺乏毅力創造新計畫。

沒有實際有效的計畫，即使是最聰明的人也無法致富或完成任何事業。你要牢記此事實，而且若你的計畫失敗，也不要忘記，**暫時的挫折不代表永遠的失敗，可能僅意味著你的計畫還不夠完善，所以再擬另一個計畫，重新來過吧。**

暫時的挫折能讓你知道計畫有缺失。**上百萬的人終生不幸、貧困，其實只是因為缺乏致富的完善計畫。**

你的成就絕對不可能大於計畫的完善程度。

詹姆士．希爾（James J. Hill）開始籌措資金建造橫貫東西部的鐵路時，也遭遇短暫時的挫折，但他以新計畫轉敗為勝。

而亨利．福特不只在汽車事業之初，甚至在事業幾近巔峰之時，也曾遭遇暫時的挫折，但他重新擬定計畫，繼續朝成就前進。

當我們看到人們致富，我們通常只注意到勝利，卻忽略了他們在成功之前所克服的挫折。

支持此成功哲學的人，總須經歷一些「暫時的挫折」，才能理所當然地期望致富。若你遭遇挫敗，請把它當成一種警訊，表示你的計畫未臻完善。只要重新擬定計畫，你便可以再度奮起，奔向你渴望的目標。假如你在達成目標前放棄，你便是個「半途而廢的人」。

「一個**半途而廢的人永遠不可能成功；成功的人絕不半途而廢。**」以大字把這句話寫在紙上，放在你早晚上班、睡前都看得到的地方。

挑選「智囊團」成員時，請挑那些**不會太在意挫折**的人。

有些人愚蠢地認為，只有錢才能賺錢，這是不對的！透過本書的原則，欲望能轉化為金錢，欲望才是賺錢的媒介。錢只是無生命的物質，它不會動、不會思考、不會說話，但若有人強烈渴望它、召喚它時，它就能「聽得到」，並應聲而至。

規劃個人服務與銷售構想

對於任何意欲致富的行業而言，巧妙的計畫是不可或缺的。對於必須藉由推銷個人服務來賺錢的人，本書將提供一些詳細的指示。

大家應該要知道，**所有巨富者，一開始都是從提供個人服務或銷售構想取得報酬。若你沒有財產，除了銷售構想與個人服務，還有什麼辦法能獲得**

財富呢？

成為聰明的跟隨者

概括來說，世上有兩種人，一是領導者，一是跟隨者。**在你選的行業中，你必須一開始就決定好自己要做領導者或跟隨者**。因為兩者的報酬可是天壤之別，領導者有權獲得的報酬，跟隨者永遠難以企求——雖然有許多跟隨者都會錯誤地期盼這種報酬。

其實，當一名跟隨者並不可恥，但一直都當跟隨者就不怎麼光榮了。大部分的領導者一開始也是跟隨者，他們能成為領導者，乃因為他們是聰明的跟隨者。

無法聰明跟隨領導者的人，幾乎無法有效率地成為領導人；能有效跟隨、學習領導者的人，通常能迅速培養領導才能。聰明的跟隨者能獲得不少好處，其中一項是有機會從領導者身上獲取知識。

領導者的關鍵特質

以下是成為領導者的關鍵特質：

①**了解自我與職業，有不動搖的勇氣**。沒有跟隨者願意被缺乏自信與勇氣的領導者所支配。聰明的跟隨者不會長期受這種領導者控制。

②**有強大自制力**。無法控制自我的人，永遠無法控制他人。自制力可以為跟隨者樹立榜樣，聰明的人會努力效法這一點。

③**有敏銳的正義感**。如果沒有正義感，領導者便無法指揮跟隨者、受跟隨者尊敬。

④**決策果斷**。政策搖擺、舉棋不定的人，表示對自己沒信心，這種人無法成功領導他人。

⑤**計畫明確**。成功的領導者必須規劃工作、執行計畫（**Plan his work, and work his plan**）。一個領導者若只憑臆測行事，而沒有實際、明確的計畫，就好比一艘無舵之舟，遲早觸礁。

⑥**超越報酬的工作習慣**。身為領導者，必須以身作則，自己做的比要求

手下做的多。

⑦**個性隨和**。成功的領導者不會邋遢、草率。領導權須要受到尊重，而不重視培養隨和個性的人，就得不到部屬的尊重。

⑧**懂得同情與體諒**。成功的領導者必須對部屬有同情心。此外，他必須體諒部屬以及他們的困難。

⑨**精通任何細節**。成功的領導者須精通各項細節。

⑩**願負全責**。成功的領導者必須願意為部屬所犯的錯誤及缺失擔負全責。假如他企圖閃避責任，他的領導權將會不保。假如部屬有人犯錯且無能勝任工作，領導者必須視為錯在自己。

⑪**帶領團隊合作**。成功的領導者必須了解、應用團隊合作的原則，還要引導部屬如此做。領導地位需要權力，而權力需要合作。

領導方式有兩種，一種是能引起部屬情感共鳴與認同的領導，這種領導方式最有效。另一種是引不起部屬情感共鳴與認同的霸道領導。

歷史上許多例子已證明，霸道的領導權不會持久。所有帝王與獨裁者的沒落與消失就是最佳例證，這代表人們不會無限期地盲目聽從霸道的領導。

如拿破崙、墨索里尼、希特勒等人便是霸道領導的例子。他們的領導權已煙消雲散，證明受人認同的領導權是唯一能長存的領導方式！

人們可能會暫時順從霸道的領導，但不會心悅誠服。

以上述特質為基礎建立領導權，就能在各行各業得到領導機會。

領導失敗的十項主因

我們現在來探討領導失敗的十項主因吧，知道該做什麼與不該做什麼一樣重要。

①**無法組織細節**。有效率的領導需要組織與控制細節的能力。一位真正的領導者絕不會因為「太忙」而無法做好分內的工作，無論是領導者或部屬，若承認自己「太忙」而無法改變計畫，導致造成任何緊急情況，他就是在承認自己的無能。一位成功的領導者，必須掌握跟他職位有關的所有細節。當然，這表示他必須要有識人用人、分權與交辦瑣碎事務給得力助手的習慣。

②**不願從事卑微工作**。真正偉大的領導者會視情況需要，自願從事他要求部屬做的工作。「你們當中最偉大的，莫過於眾人之僕」。能幹的領導者

會謹遵此真理。

③**期待靠「知」，而非靠「行」來獲得報酬**。世界上絕無人靠「知」來獲得報酬。得到報酬的是那些力行，以及能督促別人力行的人。

④**恐懼部屬勝過自己**。若領導者恐懼部屬會取代自己的職位，這恐懼早晚會實現。能幹的領導者會訓練接班人，樂意將此職位的所有細節託付給他。唯有如此，領導者才能兼顧各方面的事務。有能力交託他人辦事者，他所得的報酬往往比靠自己實際執行任務所得的報酬豐富，這是永恆不變的事實。有能力的領導者可透過自己的工作知識與魅力，大幅提升他人的效率，而且他人經他導引所付出的服務，遠比沒有他協助來得更多、更好。

⑤**缺乏想像力**。沒有想像力，領導者就沒有應付緊急狀況的能力，更沒有辦法創造有效領導部屬的計畫。

⑥**自私**。想用部屬的工作成果邀功、自攬光環的領導者必然招致怨懟。真正偉大的領導者不會邀功。他樂於將榮耀歸於部屬，因為他知道，大部分的人會因讚賞與肯定而賣力工作，創造比純粹為錢工作更好的效益。

⑦**放縱無度**。部屬不會尊重放縱無度的領導者，而且任何一種放縱都會破壞人的耐力與活力。

⑧**缺乏忠誠**。這點或許該擺在十項主因的第一項。領導者若對公司、夥

伴（包括上司與部屬）不忠誠，將無法久居領導地位。不忠誠的人使自己變得糞土不如，活該受到輕蔑，缺乏忠誠是在各行各業失敗的主因。

⑨**強調領導「權威」**。帶人要帶心，一位有能力的領導者會以鼓勵而非恐嚇來領導部屬。企圖在部屬心中鞏固「權威」的領導者，是霸道的領導者。真正的領導者不須刻意彰顯權威，只須以行為表現同情、體諒、公正以及對工作的勝任等。

⑩**重視頭銜**。能幹的領導者不需「頭銜」便可贏得部屬的敬意。太注重頭銜的人，通常是因為他無可誇耀之處。領導者的辦公室大門，要隨時為想進去的人而開，而且工作區域是不拘形式、平實無華的。

以上是較常見的領導失敗原因，任何一項缺失皆足以招致失敗。假如你立志要當領導者，請仔細研究這分清單，確定自己不會犯這些錯誤。

亟需「新領導」的社會核心領域

結束此章前，請再注意幾個社會核心領域。在這些領域中，舊領導方式已式微，但對於新式領導者來說則充滿機會。

①政治領域急需要新領導者，情況可說是非常緊急。

②改革中的銀行業。

③工業界需要新領導者。工業界的新領導者必須視自己為半個公務員，其職責是以不會造成個人或團體痛苦的方式來經營公司。

④未來的宗教領袖將被迫留意信徒的俗世需求，以解決當下的經濟和個人問題。

⑤法律、醫學和教育界需要新的領導作風，以及部分的新領導者，這點在教育界尤甚。教育界的新領導者必須找出有效的辦法，教導人們「應用」所學的知識，多重實習，少講理論。

⑥新聞業需要新領導者。

這些只是部分需要新領導者的領域。整個世界都在快速變化，代表促使人類習慣改變的媒介，必須隨之改變。此處所提的媒介，指那些特別能決定文明趨勢走向的媒介。

何時以及如何應徵工作

本節的資料來自多年的經驗，已有效幫助了數以千計的人，推銷他們的服務。經驗證實，以下的媒介提供最直接、有效的管道，將個人服務的買主與賣者緊密結合。

①**職業介紹所**。須確認經理人可否提出令人滿意的服務紀錄，選擇信譽良好的介紹所。這種介紹所較少。

②**報紙、商業刊物、雜誌的廣告**。應徵文書和一般工作的人，可依賴分類廣告得到滿意的結果。尋找主管級工作的人，不妨自行刊登廣告以引起雇主的注意。這種廣告應由專家設計，因他們懂得如何注入足夠的賣點，以獲得回應。

③**個人求職信**。寫信給特定的公司或個人，也就是最有可能需要你的對象。這些信應該整齊地打字，並親筆簽名。隨信附上完整的「履歷」。信和履歷皆需有專業背書（需提供的資料請參看下面指示）。

④**透過熟人求職**。應徵者應盡量透過熟人來接近可能的雇主。這種接觸

方式特別有利於想覓得主管職位，但又不願顯得是在「叫賣」自己的人。

⑤**毛遂自薦**。有時候，求職者毛遂自薦，主動表示願意替可能的雇主服務會更有效，這時應呈上一分完整的書面履歷，因為雇主大多喜歡和同事討論求職者的紀錄。

書面履歷該提供哪些資料？

這分履歷應謹慎準備，就像律師在準備即將於法庭審理的案子。除非求職者有準備這種履歷的經驗，否則最好請教專家。成功的商人會雇用了解廣告藝術及心理的人來呈現商品的優點。同樣地，推銷個人服務也應如此。以下是應該呈現在履歷上的資料：

①**教育**。簡明扼要地敘述你上過的學校、主修科目以及主修的理由。

②**經歷**。假如有過與應徵工作相關的經驗，請完整地敘述，並載明先前公司的名稱與住址。記得清楚寫出任何能顯示你能勝任此工作的特殊經驗。

③**推薦函**。每個公司都渴望了解求職者過去的所有紀錄、經歷等。請在

履歷內附上來自這些人的影印信函：

ⓐ以前的雇主。

ⓑ你的老師。

ⓒ值得信賴的名人。

④**本人照片**。附上一張本人近期照片。

⑤**申請明確的職位**。不要只是申請工作而不明確說明應徵哪個職位。千萬別要求「隨便一個職位」，因為那表示你缺乏專業資格。

⑥**說明你的資格適合應徵此職位**。詳細列舉自己適合此職位的理由，這是履歷最重要的部分，它能決定你被重視的程度。

⑦**提議接受試用**。這看起來是個很基本的提議，但經驗證明，它至少能贏得試用的機會。假如你對自己的能力深具信心，試用亦無妨。順便告訴你，這樣的提議表示你有自信能勝任此工作，這是非常具說服力的。請確認你的試用提議是基於：

(1)對勝任此工作有信心。

(2)相信雇主會雇用你。

(3)表現追求此職位的決心。

⑧**與工作有關的知識**。應徵工作前，請充分研究與此工作相關的知識，

使自己澈底熟悉，並在履歷敘述你對此行業的認識。此舉將令人印象深刻，因它表示你有想像力，而且對此職位有極大的興趣。

記住，能贏得官司的，不是最了解法律的律師，而是對案子準備最充分的律師。假如你好好準備，完美呈現你的「案子」，便已贏得一半的勝利。

別擔心自己準備的履歷過長。雇主對尋求適任者所費的心思，和你為了獲得工作而花費的一樣多。事實上，最成功的雇主，有挑選合格助手的能力。他們當然會想要所有可得的資料。

記得，一分字跡工整的履歷，足以表現你是個做事細心、肯下功夫的人。我曾幫幾位顧客準備履歷，這些履歷都非常卓著、出色，使應徵者不須面談便得到工作。

履歷完成後要整齊裝訂並加上標題：

個人履歷
申請人：羅伯特．史密斯
申請工作：某某公司總裁私人祕書

每次提出履歷時都要更換標題。

這種方式一定會引人注意。履歷字跡要工整，要裝訂成書本一樣。每次呈遞給不同公司時，便抽換封面，更改公司名稱。澈底遵循這些指示，再運用你的想像力去改進它。

成功的推銷員會包裝自己，他們知道第一印象是不易抹滅的。你的履歷就是你的推銷員，幫它穿上一套好衣服，才會醒目、與眾不同。如果你尋找的工作值得擁有，你便應該謹慎地追求它。如果你的雇主是因為對你的個性特質印象深刻而雇用你，你的收入可能一開始就會比以一般求職方式的人所獲得的多。

如果你透過廣告代理或職業介紹所找工作，你須請代理人用你的履歷來推銷，為你贏得代理人與雇主的好感。

如何獲得渴望的職位

每個人都喜歡做最適合自己的工作。藝術家喜歡用材料工作，工匠喜愛用雙手工作，作家喜歡寫作。天分才能較不明顯的人，則喜歡某些商業或工業領域的工作。請利用以下方法謀得你的理想職業。

①明確決定你想要何種工作。假如這種工作尚未存在，你可以自創。

②選好你希望服務的公司或個人。

③研究可能雇用你的老闆，比如他的經營方針、人事以及晉升標準等。

④藉由分析自己的天分和才能，了解自己能提供什麼，規劃方法向雇主表現你有自信能成功提供的利益、服務、發展和構想。

⑤忘掉「工作」。不要去想是否有機會，不要有「你可以給我一個工作嗎？」的想法，只要專注於你可以提供什麼。

⑥一旦你胸有成竹，就找一位有經驗的書寫者，一起安排將計畫以工整的形式，詳細寫在紙上。

⑦將履歷交給適當的權威人士。每家公司總希望他們找來的人能提供一些有價值的東西，無論他們所提供的是構想、服務或「關係」。**每一家公司對於那些能提出有利於公司之明確計畫的人，都會供給他們發展的空間。**

這一套步驟可能要多花數天或數星期的時間，但它影響的收入、晉升機會，將**以極低的代價，替你節省數年的工夫**。它有多項好處，主要的一項**是：**可節省一到五年的時間，**達到你選定的目標**。

每一個從晉升之梯半途開始插入的人，他們之所以能如此，都來自精心仔細的計畫。

銷售服務的新革命

未來，想要有利地銷售自己的服務，必須了解主雇關係的變化。未來雇主和員工的關係，將由以下三者所組成：

1雇主。

2員工。

3所服務的大眾。

這是合夥關係，稱為銷售個人服務的新方式，主雇關係會變成這樣是因為，未來無論是雇主或員工都會被視為員工，他們的工作是有效地服務大眾。過去，雇主與員工相互交換利益，彼此都盡可能達成最有利的交易，但沒有考慮到他們的交易犧牲了第三者——所服務的大眾。

「禮貌」和「服務」是當今商品買賣的口號，適用於「面對顧客」的程度大於「面對雇主」，因為，整體分析起來，雇主與員工皆受雇於顧客，假如他們無法提供好的服務，他們付出的代價便是失去服務的權利。

過去，煤氣公司的抄表工人總是重重地敲門，力量足以打破窗框。門一開便不請自入，不悅的表情寫在臉上，明顯地在告訴你：「你在搞什麼，讓我等那麼久？」這種情形現在已經改變。現在的抄表工人表現得有如「樂意為你服務」的紳士。等到煤氣公司明白，他們暴躁不耐的工人，原來一直在幫公司累積永難抹滅的不利形象，那些彬彬有禮的原油產品推銷員已拓展了自己的事業。

經濟蕭條時期，我在賓州的無煙煤區花了好幾個月的時間研究煤炭工業衰敗的情況。煤礦經營者與員工彼此競逐高利，因而將「交易」成本轉加到煤的價格，最後，他們為燃油設備的製造商和原油產銷者締造了收益極佳的事業。

我之所以提出這些例子，是想讓要銷售個人服務者注意，我們能得到目前的地位，或成就目前的身分，是行為所致！如果有某種**因果原則**能操縱商業、財政和交通運輸，這個原則也能掌控個人，決定個人的經濟地位。

你的「QQS」評價如何？

前面已清楚說明如何有效且永續地推銷服務。除非研究、分析、了解和應用那些原因，否則沒有人能有效永續銷售服務。個人都必須是自己的推銷員，你服務的質、量和精神，決定雇主雇用你的工資和期限。

要有效推銷個人服務（此意味著永久的雇用、滿意的工資和愉快的工作環境），必須採用「QQS」公式，亦即由品質（quality）、數量（quantity）、合作精神（spirit）這三者組成完美的服務推銷術。記住「QQS」公式，並進一步使它變成習慣吧！

以下來分析這個公式，確定你真正了解其涵意。

①服務「品質」的意義應解釋為：以最有效的方式，完成和你職位有關的各項細節，且永遠想要達成**更有效率**的目標。

②服務「量」應解釋為：一種隨時能提供服務的**習慣**，目標在於透過練習和經驗培養更高的技能，以增加提供服務的量。再提醒各位一次，重點在於「習慣」。

③服務「精神」應解釋為：一種**隨和**、**和諧**的行為習慣，它能促成你和同事、部屬之間的合作。

適當的服務品質與數量，並不足以為你的服務維持恆久的市場。你的行為和服務精神，才是你的服務能否持久的決定性因素。

安德魯．卡內基在討論這個主題時，特別強調和諧相處的必要性。他強調，除非一個員工能以和諧的精神工作，否則無論他的工作量有多大、工作品質多有效，他都不會雇用這個員工。**卡內基先生堅持用個性隨和好相處的人**。為證實他特別重視此項特質，他幫助了許多符合他標準的人，成為非常富有的人，不符合的人則須讓位給他人。

之所以強調隨和個性的重要性，是因為這使個人能以恰當的精神提供優質的服務。

如果一個人能融洽地與人相處，以和睦的精神提供服務，將能彌補服務在質與量上的不足。總之，**令人愉悅的服務是無可取代的**。

服務的資本價值——頭腦最值錢

如果一個人的收入全靠銷售個人服務而來，就會變成販賣商品的商人。我一直強調這點的原因在於，藉銷售個人服務維生的人往往誤以為他們不必遵守販賣商品者的責任與行為準則。

「激進型推銷員」的時代已經過去，取而代之的是「服務型推銷員」。頭腦決定收入（經由銷售你的服務）。年收入約是資本價值的百分之六十，因此，你可將年收入乘以一又三分之二，合理估計你的服務所值的資本價值。金錢只占資本價值的百分之六十。金錢的價值比不上頭腦的價值。

如果能有效銷售你能幹的頭腦，表現出的資本形式，會比商品的資本形式更有價值。**因為「頭腦」是永遠不會因經濟不景氣而貶值，也不會被竊取或花費的資本**。

此外，除非能與有用的「頭腦」結合，否則經營事業必備的資本會如沙子般變得一文不值。

檢視人生失敗的三十一項主因

生命是由無數個熱切嘗試卻失敗的人所組成的大悲劇，因為和極少數成功的人比起來，失敗的人占壓倒性多數。

我分析過數千位男女，有**百分之九十八**是「**失敗者**」。

我的分析證實，失敗有三十一項主因，而人們藉以致富的原則有十三條。這一章將敘述這三十一項失敗主因。請你一項一項地自我**檢視**，以找出有多少失敗因素橫阻在你與成功之間。

①**不利的生理遺傳**。生來即智能較不足的人，幾乎沒有辦法可以輔助。這項原則只能提供一個跨越此弱點的方法——求助於智囊團。然而，從好的方面來看，在這三十一項失敗因素裡，個人無法輕易扭轉的，只有這一項。

②**缺乏定義清楚的生命目標**。沒有中心目標、明確努力方向的人，沒有成功希望。我分析的人當中，有百分之九十八缺乏這種目標，或許這就是他們失敗的主因。

③**缺乏超越平凡的抱負**。凡事漠不關心，不想在人生中求進展的人，以

及不願付出代價的人，我們認為他們是無望成功的。

④**教育程度不足**。所幸這種障礙非常容易克服。經驗證明，最有教養的人經常是那些白手起家或自我教育的人。要使一個人有教養，需要的不只是大學學位。有教養的人都知道，如何在不侵犯他人權益的情況下，獲得自己想要的東西。畢竟教育的內涵是知識與知識的應用，要得到報酬，並非只有「知」，重要的是「行」。

⑤**缺乏自律**。紀律來自於自我控制，此意味著人必須控制所有負面的特質。你須先控制自己，才能控制整個情況。自制是人最難掌控的工作，假如你無法克服自我，你就會被自我征服。站到鏡子前，你可以一次看到你最好的朋友與你最大的敵人。

⑥**健康不佳**。沒有健康便享受不到卓越的成就。很多人健康不佳的原因是可以控制的，主要有：

(1)攝取過多無益健康的食物。
(2)錯誤的思考習慣——凡事持否定態度。
(3)錯誤使用或過度耽溺於性。
(4)缺乏適當的運動。
(5)不當的呼吸方式導致新鮮空氣供應不足。

⑦**童年時期處於不良環境**。成長於什麼環境便會成為什麼樣的人。大部分有犯罪傾向的人，都認為自己會落到今日的地步是由於童年時期的環境不良，或交到壞朋友。

⑧**拖延**。這也是失敗最普遍的原因之一。彷彿有一個「拖延老人」存在於每個人心中，伺機破壞成功機會。大部分的人一生失敗，原因在於他們一直在等「適當時機」出現才要開始做值得的事情。不要等待，時間點永遠不會「適當」。立刻開始，先利用你能掌握的工具，其他更好的工具將會陸續出現。

⑨**缺乏毅力**。大部分的人都是好的「開頭者」，但對於那些已開頭的每件事，卻常常是差勁的「完成者」。此外，人往往一看到失敗跡象便放棄，毅力是不可取代的，能把毅力當座右銘奉行到底的人，會發現「失敗」終將疲累而自行消失。失敗無法對抗毅力。

⑩**消極的個性**。因為消極的個性而使別人遠離他的人，往往無法獲得成功。成功來自力量的運用，而力量來自與他人的合作。消極的個性無法促成合作。

⑪**難以控制性衝動**。性最能驅策人類行動，因為它是最強烈的欲望，故應轉化為其他發洩方式並予以控制。

⑫**無法控制「不勞而獲」的欲望**。這種投機的本能驅使上百萬人走向失敗。證據可見於一九二九年有關華爾街股市大崩盤的一項研究，在那一次的事件中，有數百萬人想藉著股票的買賣差額致富，結果破產。

⑬**缺乏果斷的決策力**。成功者可以迅速做決定，如須修正，則會深思後再改變。失敗的人剛好相反，他們要花很長時間才能做決定，但又頻繁快速地修改決定。猶豫不決和拖延是兩兄弟，只要找到一個，即可找到另外一個。在它們將你完全「綁死」於失敗的轉輪前，消滅它們吧！

⑭**恐懼**。你一定要克服本書第十五章描述的六種基本恐懼，才能有效地銷售你的個人服務。

⑮**選錯配偶**。這是失敗的普遍原因。婚姻關係給人親密的接觸，沒有和諧的婚姻關係，失敗將隨之而至。婚姻失敗所造成的痛苦和不愉快，將毀掉人的雄心壯志。

⑯**過度謹慎**。不敢冒險的人，通常只能揀人家選剩的東西。過度謹慎和不夠謹慎一樣糟糕，兩者都是該避免的，因為生命本身就充滿了偶然。

⑰**選錯事業夥伴**。這是生意失敗常見的原因。銷售個人服務時應該小心挑選能激勵自己，而且聰明、成功的雇主。我們往往會在無意中，模仿跟自己交往最密切的人，所以慎選一個值得你效法的雇主吧！

⑱**迷信和偏見**。迷信是恐懼的一種形式，也是無知的表徵。所有成功的人都胸襟廣闊，一無所懼。

⑲**選錯行**。任何人都無法在他不喜歡的行業中獲得成功。銷售個人服務最必要的步驟是：選擇一個你願意全心投入的行業。

⑳**缺乏專注力**。「萬事通」通常什麼都不精通，請將全副精力集中在一個明確的目標上。

㉑**揮霍的習慣**。揮霍無度的人無法成功，因為他永遠有匱乏的恐懼，請養成從收入中拿出固定百分比的儲蓄習慣。當一個人為銷售個人服務而與人討價還價，銀行的存款便是他的勇氣基礎。沒有錢，就必須接受人家給他的任何工作。

㉒**缺乏熱忱**。沒有熱忱的人不具說服力。此外，熱忱是會傳染的，擁有熱忱且控制得宜的人，通常會受人歡迎。

㉓**偏執**。心胸狹窄的人對任何目標都難有進展。偏執表示一個人已停止吸收知識。和宗教、種族以及政治理念有關的偏執是最具殺傷力的。

㉔**放縱**。最具傷害力的放縱形式是有關於飲食、酗酒和性行為的放縱。過度耽溺於這些東西是成功的致命傷。

㉕**無法和他人合作**。因這項錯誤而失去職位和重大機會的人，遠比其他

因素還多。這項錯誤是任何消息靈通的生意人或領導者所無法容忍的。

㉖**擁有自己努力得來的權力**。富二代等人所擁有的權力，經常是成功的致命傷。速得的財富比貧困更危險。

㉗**蓄意欺騙**。誠實是無可取代的。一個人或可在不造成永久傷害，且無法控制的情況下暫時欺騙別人，但如果是存心欺騙，他就沒希望了。他的行為遲早會露出馬腳，使他付出失去信譽或自由的代價。

㉘**自私和虛榮**。這些特質如紅色警戒，使他人望而卻步。它們是成功的致命傷。

㉙**以猜測代替思考**。多數人要不是漫不經心就是太懶，不願費心取得有助於正確思考的事實。他們寧可依賴猜測或倉促的判斷來行事。

㉚**缺乏資本**。這是第一次創業者常碰到的失敗原因，他們因為沒有足夠資本來吸收錯誤帶來的衝擊，以致無法捱過困境。他們必須建立適當的信譽，才能度過這種難關。

㉛你可列出自己遭遇過，但未包含於上述清單的特殊失敗原因。

由上三十一項失敗主因，我們可以看出人生悲劇的面貌，每一個嘗試過卻失敗的人幾乎都擁有這些特質。如果你能說服一個非常了解你的人，和你一起檢視這張清單並協助你，以這三十一項失敗原因進行分析，對你會很有幫助。不過，自己嘗試分析也是有益的，只是大部分的人無法以旁觀者的角度來審視自己，你可能也是其中之一。

先掂掂自己的斤兩

有一句古老的警語說：「人貴自知！」假如你能成功地銷售商品，你必然很了解這個商品，銷售個人服務的道理也是如此。你應該了解自己的缺點，以跨越或消除它們。你應該了解自己的實力，以運用它們銷售服務。**唯有精確分析，你才能了解自己**。

有一位年輕人向一家著名公司的經理應徵工作時，表現出了不了解自己的愚蠢。面談時，他一直予人良好的印象，直到經理問及他的希望待遇。結果他回答，他沒有預設的待遇（缺乏明確目標）。於是經理說：「我們試用你一週後，會依你的價值給你應得的待遇。」

這位應徵者回答：「我不接受！我希望的待遇必須多於我現在的工作。」

在你商議薪水或尋找其他工作前，先確定你的價值有超過你目前所得的報酬。

要錢是一回事，每個人都想要多一點錢，但「值得更多」全然是另一回事。許多人都弄錯，誤以為自己所要的，就是他們應得的。你在經濟上的需要或欲望，和你本身的價值一點都沾不上邊。你的價值高低完全取決於是否有提供實用服務的能力，或者是否有引導他人從事此服務的能力。

每年盤點自己的優缺點

為有效銷售個人服務，一年一度的自我分析是必要的，就如商品銷售的年度庫存盤點般。此外，年度分析可以看出減少的缺失以及增加的優點。在人生道路上，一個人要不是前進，就是原地踏步，再不然則是退步。當然，人的目標應該是向前進。年度自我分析可揭露自己是否有進步、進步多少，也可看出個人是否有退步。要有效地銷售個人服務，須要不斷前進，即便進度緩慢也無妨。

年度自我分析應在每年年底進行，如此你可將該改進之處加入新年度的計畫。請藉以下的問題來做盤點，並找人幫你檢視你的答案。這個人必須對你有深入了解，而且不容許你自欺。

個人盤點清單的自我分析問題

①我有達到今年的預定目標嗎（你應訂定明確的年度預定目標以做為人生重大目標的一部分）？
②我已盡己所能地提供最佳服務品質嗎？是否有我可以做得更好的部分？
③我是否盡最大能力提供最大的服務量？
④我是否一直保持和諧、合作的精神？
⑤我是否曾容許自己因拖延而降低效率？我拖延至何種程度？
⑥我有否改進自己的個性？以何種方式改進？
⑦我有否堅定不移地進行我的計畫直到完成？
⑧我是否在所有情況下都迅速明確地做出決定？

⑨我是否讓恐懼降低了我的效率？
⑩我曾經過度謹慎或不夠謹慎嗎？
⑪我和同事的關係是愉快或不愉快？如果不愉快，是否是我的錯呢？
⑫我是否曾因缺乏專注力而浪費精力？
⑬我是否能以開闊的胸襟與包容的態度來面對任何課題？
⑭我曾以任何方式改善提供服務的能力嗎？
⑮我是否放縱過任何習慣？
⑯我是否曾公開或私下表現出自私的態度？
⑰我對同事的行為、態度是否足以使他們尊重我？
⑱我的意見和決定是否基於臆測而來？或者皆出於精確的分析和思考？
⑲我是否收支平衡？用錢謹慎的嗎？
⑳我曾花多少時間在無益的努力上？那些時間原本可做更有價值的利用嗎？
㉑我可以如何重新預計時間、改變習慣，以便來年更有效率？
㉒我曾否做過良心所不允許的罪行？
㉓我曾在哪些方面提供超出職責的服務？
㉔我曾對人不公嗎？是哪方面？

㉕假如我是這一年來購買自己服務的買主，我滿意這筆買賣嗎？

㉖我是否選對行？若不是，為什麼？

㉗我的買主滿意我提供的服務嗎？不滿意的原因是什麼？

㉘總體來看，我今年的表現是否符合成功法則（公正且誠實地評量自己，並請一位勇於正確檢視的人來協助你檢視結果）？

徹底讀過本章後，想必你已準備好擬訂實際的計畫來銷售你的個人服務！這一章充分說明了銷售個人服務的必備原則，包括領導者的關鍵特質、領導失敗的主因、富含領導機會的領域說明、各行各業失敗的主因，以及自我分析應使用的重要問題。

本章廣泛而詳盡地介紹這些資料，因為每一個必須藉銷售個人服務來賺錢的人都會用到這些資料。**失去財富的人，還有剛開始賺錢的人，為了取得財富，只能提供個人服務**。因此，他們有必要取得實用知識，以將個人服務賣得最高利益。

完全吸收本章後將有助於銷售個人服務，有助於你分析、判斷他人。這些對於人事主任、工作經理、其他負責挑選員工及維持有效率組織的主管來說，都是珍貴的資料。

假如你懷疑這種說法，可以用紙筆回答前面二十八道自我分析問題，測試其可靠性。

如何找到致富的機會？

既然前面已分析過致富的原則，接下來我們自然會問：「哪裡可以找到應用這些原則的機會呢？」很好，我們來列個清單，看看美國為尋求財富者提供什麼樣的機會吧。

首先，每個人都要記得，在我們生長的國家，每一個奉公守法的公民皆享有思想與行為的自由。但大部分的人卻未曾將這種自由視為資產，因我們不曾將自己無限的自由拿來跟其他國家比較。

我們有思想的自由、選擇及受教育的自由、宗教的自由、政治的自由、選擇行業的自由、累積及擁有財產的自由、選擇居處的自由、婚姻的自由、各種族機會均等的自由、旅行各地的自由、選擇食物的自由以及追求人生地位的自由，即使你想當美國總統也可以。

接下來，我們將列舉一下這些廣泛的自由，這些掌握在我們手中的福分。以一般美國家庭為例（指一般收入的家庭），計算在這個富饒且充滿機會的土地上，家庭中每個成員所能取得的利益。

①**食**。僅次於思想和行為自由的是食物、衣著、居所這三樣人生的基本需要。由於我們廣泛的自由，一般美國家庭隨手可得各式食物，而且價格合理，人人負擔得起。

②**住**。大多家庭住在舒適的房子裡，有暖氣設備、電器照明，還有瓦斯爐具以供炊事。

早餐吃土司和麵包，用電動吸塵器打掃家裡。廚房和浴室裡永遠有熱水可用。有冰箱可以儲存食物。洗衣、燙衣皆有電器可用，只要將插頭插進插座，就可取得電力。使用電動刮鬍刀刮鬍子，隨時可以打開收音機或電視機，接收來自世界各地的娛樂節目。房子裡當然還有其他便利之處，前面所提的項目只是要簡單證明，生在美國的我們所享有的具體自由。

③**衣**。美國各地的一般婦女，一年只要花費幾百美元就可穿得相當舒適、得體，一般男士的治裝費亦相當於此，或者更少。

我們只提到食、衣、住三項基本需求。其實，美國人每天只要以不超過八小時的工作量，便可得到多項權益。

美國人享有其他國家所沒有的財產權保障，可將盈餘的錢存在受國家保護的銀行，而且銀行若倒閉，國家也會賠償。美國人不用通行證，不須任何人批准便可跨州旅行。隨時可出發，隨時可回來。此外，可以隨自己的經濟能力選擇旅行方式，像是火車、自用轎車、巴士、飛機或船隻。

資本是提供幸福的奇蹟

我們經常聽到一些政客為贏取選票而公開頌揚美國人的自由，但他們其實很少花時間或致力於分析這種「自由」的來源與特質。我不懷私心，沒有怨恨要發洩，也不是要實現某種隱藏的動機，因此，我有權利分析那個神祕、抽象、備受誤解的「東西」，它為全美國人帶來其他國家找不到的、更多的幸福、致富機會與自由。

我有權分析這種無形力量的來源與本質，因為五十多年來，我認識許多籌備這股力量的人，以及許多目前仍負責維護此力量的人。

這種無形力量就是資本！

資本不只是金錢，也特指高度組織、頭腦聰明的一群人所策劃有效運用金錢的方式，這些方式不僅符合大眾利益，而且對他們自己有利。

這群人包括科學家、教育家、化學家、發明家、市場分析家、公眾人物、運輸專家、會計人員、律師、醫師以及工商業界，具有高度專業知識的人們。他們在新的領域裡不斷開拓、實驗，為新的努力方向指示道路。他們支持各大專院校、醫院、公立學校，建造良好的發展道路，發行報紙、支付政府大部分的費用、照料人類進步所需的眾多細節。簡言之，資本家就是文明之腦，他們提供組成一切教育、啟迪與人類進展所需的完整結構。

無智慧的錢財是危險的。適當運用，**錢**才會是文明最重要的必需品。

你若想了解有組織的資本有多重要，可以想像你該如何在無資本的情況下提供家人一頓早餐。

為供應一壺茶，你必須大老遠跑到中國或印度，兩者距離美國都很遠。除非你是個絕佳的泳者，否則還沒走完全程就已累死。接下來，你還會碰到另一個問題——即使你有足夠的體力游過海洋，你怎麼拿錢購買？

要供應糖，你必須長泳到古巴，或長途跋涉到猶他州的甜菜根產區。即便你到了，你也可能無糖而歸，因為製糖需要有組織的努力和金錢，更遑論精製、運輸和送到全美各地所需的各種設備。

蛋可以從鄰近農場輕易取得，但要供應葡萄柚汁，你就要長途跋涉到佛羅里達州。你將須要遠行到堪薩斯州或任何產麥的州，才能取得製作麵包的材料。

乾穀類必然順從菜單中刪去，因為它必須透過訓練有素的人力組織，以及適當的機器才能製成，這些都需要資本。

休息時間，你還可以動身游到南美洲，到那裡摘一些香蕉，回程途中，再走到最近的一座酪農場，買些奶油和乳酪。至此，你的家人便可準備就緒，享用早餐。

看來很荒謬吧？以上描述便是在沒有資本制度的情況下，唯一能獲得早餐的方式。

珍視文明生活的資本要素

運送早餐所需的鐵道和汽輪，需要大量金錢來製造與維修，超過你我的想像。此費用高達數億美元，更不用提操作船隻的大批人力。然而，運輸只是資本社會的部分需要。在收獲以前，土裡總得長出東西；在銷售物品前，總要把東西製造好。這些都需要更多資金來支付設備、機器、裝備、銷售的費用和工作人員的薪資。

汽輪和鐵道可不是從地底冒出來自行運作的，它們是呼應文明的產物，是一群有想像力、信心、熱忱、決心和毅力的人，用他們的努力、創造力和組織能力所生產的！這些人就是資本家，而激發他們的，則是一連串的**欲望**，如建築的欲望、設計的欲望、達成目標的欲望、提供有用服務的欲望、賺取利潤與致富的欲望等。由於他們提供的是文明賴以生存的服務，因此得以置身於財富之道上。

我補充一點，這些資本家就是被激進分子、詐財者、不實政客和貪汙的勞工領袖等，指為「掠奪利益」或「華爾街」的一群人。

在此，我並沒有要支持或反對任何一方，或任何一種經濟制度。

本書的目的——**為此目的我已忠誠地投注逾半世紀的精力**——在於將最可靠的成功哲學呈現給所有需要的人，透過這些成功哲學，個人可以聚積渴望的財富。

我分析資本主義的經濟利益，是為了以下目的：

①所有追尋財富的人，都必須認同、適應控制所有致富之道的制度。

②為了呈現相對於政客或煽動性政治人物的觀點。他們總是故意指稱有組織的資本為有毒物，來矇混他們所提出的議題。

美國是一個資本主義國家，是透過資本的運用而發展的，我們這些分享自由與福分的人，我們這些尋求致富之道的人，該知道如果不是有組織的資本提供這一切利益，我們根本享受不到財富和機會。

聚積且合法擁有財富，只有一個可靠的辦法，就是**提供有價值的服務**。至今，還未創造出其他任何一種制度，僅憑人數眾多或不須付出努力，便可讓人合法獲得財富。

積極發掘財富中的潛在機會

美國提供所有誠實者皆可欲求、致富的自由與機會。當一個人要狩獵，他會選擇獵物豐富之地。追尋財富者，可利用同樣的法則。

假如你追尋的是財富，千萬別放過光是婦女每年花在化妝品和保養品的錢便高達百萬美元的國家，千萬別忽略它的致富潛力。

假如你正在追尋財富，請認真考慮每年花數億美元買香煙的國家。千萬別急著離開一個人民每年願意甚至渴望奉上數百萬美元給橄欖球、棒球和職業拳賽的國家。

我們只提到一些奢侈品和非必需品。但請記住，製造、運輸、行銷這些產業，提供更多工作給好幾百萬人，而他們每個月藉此賺取數百萬美元，並自由地花費在奢侈品和必需品上。

在這種交換商品和個人服務的背後，可找到大量的致富機會。美國式的自由在此幫助我們，因為沒有任何事可阻止你投入這些產業。一個人具有卓越的才能、訓練和經驗，便可聚積財富。沒那麼幸運的人，也可聚積小額財富。任何人皆能以微薄的勞力賺取生活所需的錢。

機會已將貨品鋪陳在你面前。走上前來，挑選你要的，擬定你的計畫，實行並堅持到底。「資本的」美國將會處理其餘事項，你大可信賴這點——資本的美國確保個人提供有用服務的機會，也確保個人可依其服務價值，聚積比例相當的財富。

這項「制度」賦予每個人權利，但它沒有也不能擔保何時能不勞而獲，因為此制度永遠受經濟法則所控制，此法則不認同亦不能容忍只收穫而不付出的行為。

成功無須解釋，
失敗不容答辯。

第八章　決　心

精確要點

缺乏決心是失敗的主因。人人都有自己的意見，但最終能影響你的是自己的意見。一七七六年，美洲大陸會議在費城所做的決定對你今天的力量和信心有何影響？

如果心意已決，心靈會自我調整，並與廣大的外在力量調和。優柔寡斷經常始自年輕時代，我們要知道如何避免並幫助他人避免。

分析曾導致重大決定的事件，你便能給自己一個終生的指南，指引你在人生的各方面採取明確及有效的行動。

追求自由的強烈欲望帶來自由；追求財富的強烈欲望也會帶來財富。

每個強者皆能以自我的力量掌握自己。

我分析過逾二萬五千名經歷過失敗的人，發現**缺乏決心居三十一項失敗主因之首**。

拖延是決心的反面，是每個人必須克服的敵人。讀完此書，你將有機會測試自己是否有迅速且明確下決心的能力，並且準備實踐本書的原則。

分析數百位財富超過百萬美元的人後我們發現，他們都有**迅速下定決心的習慣**，而且假如須要改變決心，他們都很**謹慎**。無法致富的人，幾乎都有猶豫不決、朝令夕改的習慣。

亨利．福特是明顯的例子，他「習慣」迅速而明確地下定決心，但更改決心則謹慎而遲緩。福特先生這項如此顯著的特質，為他帶來了頑固的名聲。這特質使福特先生堅持繼續製造著名的型車（全世界最醜的車），即使當時他所有的顧問以及許多汽車買主都要他改變。

或許福特先生延遲太久才做改變，但福特先生改變模型之前，他的堅毅決心已產生巨額財富。無庸置疑，福特先生明確決斷的習慣是有點頑固，但總勝過猶豫不決、朝令夕改的習慣。

耳聰目明，下定決心

大部分無法聚積足夠金錢的人容易受他人的意見左右，他們讓報紙和鄰人的閒話代替他思考。**意見是世上最廉價的商品**，每個人總有一籮筐的意見可以提供給任何願意接受的人。假如你下定的決心會受他人左右，你便難以成功，無法化欲望為金錢。

如果你被別人的意見所左右，你根本不會有自己的欲望。

你必須祕密地實行本書的原則，除了你的「智囊團」，別相信任何人，而且你要確定挑選的成員，都是認同你的目標、和諧一致的人。

你的密友和親戚雖不是有意，卻經常會透過「意見」和故作幽默的嘲弄阻礙你。**成千上萬的人終生懷著自卑感，就是因為一些善意但無知的人，透過「意見」或嘲弄，毀了他們的信心**。

你有自己的頭腦和思想，請使用它並做出決定。在許多可能的情形下，如果你須要從他人之處獲得事實或資料，以使自己下定決心，請**不動聲色**地收集這些事實或資料，別揭露自己的目的。

一知半解、學問淺薄的人，總企圖予人博學的印象。這種人通常說得太多、聽得太少。如果想養成迅速果斷下決心的習慣，請**睜大眼睛**、**豎起耳朵**、**免開尊口**。話太多的人往往做不成其他事。如果說的比聽的多，你不但會剝奪自己吸收有用知識的機會，而且還會向那些嫉妒你、樂於打擊你的人揭露自己的計畫和目的。

記得，當你在一個博學者面前開口，你同時也在揭露自己肚裡裝有多少墨水，或根本是個草包！真正的智慧通常是透過謙虛與沉默來突顯。

記住，與你共事的每個人其實和你一樣，都在尋求致富的機會。如果你過於隨便地談論自己的計畫，你可能會驚訝地發現，有人已捷足先登，先你一步達到目標，而所用的正是你之前洩露的計畫。

因此，**你的第一個決心應該是：守口如瓶、張大耳朵、睜大眼睛**。

為提醒自己恪守此忠告，不妨抄錄下以下警語，貼在你每天看得見的地方：**「在告訴世人你的意圖之前，先做出來。」**

這句話就是在說：「最重要的是行動，而非言語」。

信仰不容妥協

決心的價值在於執行決心所需的**勇氣**。充當文明基石的偉大決心，經常都是在甘冒死亡風險的情況下做出來的。

林肯決心發表使美國黑人獲得自由的《解放奴隸宣言》時，便充分了解此舉會使成千上萬的朋友和政治支持者背離他。

蘇格拉底決定飲鴆也不肯妥協自己的信仰，這是充滿勇氣的決定，使時代向前邁進一千年，並給予當時尚未出生的人思想與言論的自由。

羅伯特．李將軍（Robert E. Lee）脫離聯邦，繼續堅持南方理念，這也是個勇敢的決心，因他深知那可能使他喪命，當然也會犧牲他人的性命。

甘冒絞刑之險也要簽署《獨立宣言》

但對美國人而言，最偉大的決心莫過於一七七六年七月四日在費城所做出的一項決定，當時有五十六個人在一分文件上簽下自己的名字。而他們深知，那分文件，要不是為全美國人帶來自由，便是使這五十六人上絞架！

你當然聽過這分有名的文件，但你可能還不能從中領悟有關個人成就的重大教訓。

我們都記得那分重要文件的簽署日期，但很少有人了解那個決心需要多大的勇氣。我們所記得的歷史僅是書本教導的。我們記得日期、記得奮鬥者的名字、記得佛吉谷（Valley Forge）和約克鎮（Yorktown），也記得喬治·華盛頓和康瓦利爵士（Lord Cornwallis）。但我們卻甚少了解這些人名、日期和地點背後的真正力量。我們更不了解早在華盛頓的軍隊到達約克鎮前，就確保我們自由的無形力量。

史書作者完全遺漏甚至隻字未提這不可抗拒的力量，這實在是個悲劇。這股力量正是賦予美國這個國家生命與自由的力量，並使這個國家註定為世人設立新的獨立標準。我說這是個悲劇，是因為這股力量是每個人克服人生困難時必須用到的力量，也是向生命求價時必須付出的力量。

我們簡短回顧產生這股力量的事件。故事開始於一七七〇年三月五日的波士頓。當時英軍在街道上巡邏，被殖民者憎恨行於其中的武裝士兵，他們開始公然表示恨意，對行進中的士兵投以石塊和侮辱字眼，直到指揮軍官下達命令：「上刺刀，進攻！」

戰爭開始後造成了多人死傷。這次事件引發無比民怨，以致地方議會（由傑出殖民者所組成）為採取明確行動而召開會議。約翰．漢寇克（**John Hancock**）和山謬爾．亞當斯（**Samuel Adams**）是議會的成員，他們奮勇發言，主張應採取行動，將所有英國軍隊逐出波士頓。

這兩人的決心，或許可說是美國人民現在享有自由的開端。記住，這兩人所下的決心需要信心和勇氣，它是個危險的決心。

會議結束前，山謬爾．亞當斯被派去拜訪當地英國總督赫欽森（**Hutchinson**），要求他撤走英國軍隊。

此要求被應允，軍隊撤出波士頓，但事情並未落幕，引發了註定改變整個文明趨勢的情勢。

建構智囊團，同心協力達成目標

理察·亨利·李（Richard Henry Lee）是這個故事的重要人物，他和山謬爾·亞當斯經常連繫（以書信方式），毫不保留地分享彼此的憂懼和爭取地方民眾福利的希望。經由這種方式，亞當斯想到，讓十三個殖民地交流信件或有助於解決問題。一七七二年三月，亞當斯提議，為各殖民地建立一個通信委員會，明確指派各殖民地的通信員，目的是為了改善英屬的北美殖民地，使之友善合作。

這就是註定給予美國自由的組織的開端。**智囊團**已組成。亞當斯、李和漢寇克是其中成員。

通信委員會成立。殖民地居民以前一直以無組織的方式對抗英軍，例如波士頓發生的暴動事件，卻一直沒有獲致任何利益。他們的不滿被智囊組織整合起來。在亞當斯、漢寇克和李團結以前，沒有任何個人、團體，將他們的心力、思想、靈魂和身體緊密結合，在同一堅定的決心下，解決英國與北美洲的問題。

同時，英國也沒有閒著。英國擁有金錢和軍隊的有力條件，也為了自己的理由做計畫、組成「智囊團」。

改變歷史的冒險決定

英國皇室任命蓋吉（Gage）取代赫欽森擔任麻薩諸塞州的總督。這位新總督最初的行動便是派信差拜訪山謬爾，目的在於藉恐懼之力阻止反對勢力。我們可由范騰上校（蓋吉派去的信差）和亞當斯的對話了解此事。

范騰上校：「亞當斯先生，蓋吉總督授意我向您保證，總督已被充分授權，能給予令你滿意的利益（以賄金承諾拉攏亞當斯），因此您將可得到讓您滿意的利益，但是您必須允諾停止一切反對政府法令措施的行為。先生，總督勸您別再惹陛下不悅。您的行為極可能使您遭受亨利八世法案的懲罰，依法，地區總督可自行決定把您送至英國，接受叛國罪或知情不報等重罪的審判。如果您改變政治理念，則可獲重利，還可與國王相安無事。」

山謬爾．亞當斯當時有兩個決定可以選擇。他可以停止反對行動，接受個人賄金，或者他可以冒著接受絞刑之險繼續行動！

顯然地，亞當斯被迫立即做出可能使他喪命的決定。亞當斯堅決要范騰上校保證，將他的回答一字不漏地說給總督聽。

亞當斯回答：「你可以告訴蓋吉總督，我相信長久以來，我一直與萬王之王的上主交好。任何個人方面的考慮，都不足以引誘我放棄崇高的理想。而且，告訴蓋吉總督，這是我的忠告，千萬別再侮辱被激怒之人。」

蓋吉總督聽到亞當斯的回答後暴跳如雷，並發出文告，上面寫著：「我在此奉陛下之名，保證特赦那些立刻放下武器、重歸為順民者。唯一不得享此恩賜的是山謬爾．亞當斯和約翰．漢寇克，他們兩人惡性重大，除了施予適當懲罰，不做第二考慮。」

亞當斯和漢寇克當時真是「危機四伏」，憤怒總督的威脅迫使兩人做出另一項同等危險的決定。他們連忙召集最忠誠的夥伴來開祕密會議。亞當斯鎖起門，將鑰匙放入口袋，告訴出席者，組織殖民地的國會已是當務之急，在決定是否組織這個國會前，誰也不能離開房間。

語畢，立即引起一陣騷動。有些人權衡這種急進主張可能導致的結果，有些人質疑做出違抗英王的決定是否明智。鎖在房間內的人，有兩位完全對恐懼免疫，且無視失敗之可能性，他們就是漢寇克和亞當斯。受他們意志力所影響，其餘的人終於同意，應透過通信委員會，安排於一七七四年九月五日在費城召開第一次北美洲大陸會議。

記住這個日期。它比一七七六年七月四日更重要。當時如果沒有舉行大陸會議的決定，日後美國人可能無法高唱《獨立宣言》。

新國會在第一次集會前，國內另一區的領導人也深陷於出版《概觀英屬美洲的權利》一書的痛苦。這人是維吉尼亞省的湯瑪士．傑佛遜（Thomas Jefferson），他和鄧莫爾總督（Lord Dunmore，維吉尼亞的王室代表）的關係如漢寇克、亞當斯與總督的關係一樣緊張。

此書出版後不久，傑佛遜得到消息，由於對抗皇室政權，他被控以最高叛亂罪。受此威脅的刺激，傑佛遜的同僚之一派屈克．亨利（Patrick Henry）大膽說出心聲，並且以永垂不朽的名句做結論：「假如這叫叛亂，那就充分利用它吧！」

一群和這兩位一樣，沒有力量、沒有權勢、沒有武力、沒有錢的人聚在一起，嚴肅思考殖民地的命運，從第一次大陸會議起，歷經兩年的時間，直到一七七六年六月七日，理察．亨利．李以主席身分對驚愕的會眾做出以下提議：

「各位，我提議，這些聯合的殖民地區，應該而且有權是自由而獨立的國家，因此，他們應該免於效忠英國皇室，完全脫離與大英帝國之間的所有政治關係。」

生命的賭注

李的提議引起熱烈討論，但耗時過長，使他漸感不耐。經過數天的討論，他終於再度發言，這次他以清楚、堅定的話語，鄭重地說：「主席先生，我們已討論這個議題好幾天。而這正是我們唯一該奉守的理想啊。先生，為何我們還要拖延呢？為何還在討論不休？讓這快樂的日子產生美利堅共和國吧！讓它站起來吧，不要被征服、不要被蹂躪，重建和平與法律。」

在他的提議終獲表決前，李因為家人重病而被召回維吉尼亞，離去前，他將理想交給朋友湯瑪士．傑佛遜，後者承諾要奮鬥到採取有利行動為止。不久，大會主席（漢寇克）指派傑佛遜擔任草擬《獨立宣言》委員會的主席。

委員會用心地推敲這分文件，若此文件經大會通過，則代表一殖民地若在這場對抗中輸給英國，簽署這分文件的人，必須接受隨之而來的懲罰，等於是宣布自己的死亡令狀。

文件擬好後在六月二十八日宣讀草案原文，又經過數天的討論、修改，終於在一七七六年七月四日這天，由傑佛遜站在會眾前，無畏地唸出這篇有史以來最重要的決定：

「在人類歷史的進展中，若一個民族有必要解除與另一個民族的政治束縛，並認為自然的法則與上帝的定律是賦予他們在世上的權限，包含獨立與平等地位之權，基於對人類意志崇高的尊重，應該宣布驅使他們獨立的理想……」

傑佛遜唸完這分文件後，大會隨即投票通過，然後這五十六名簽名者，都以自己的生命做賭注，而這個決心使一個註定為人類帶來決定權的國家得以誕生。

分析這些有關《獨立宣言》的歷史事件，你會相信，這個在世界各國中享有尊重與權利的美國，其實誕生於一個五十六人的智囊團。請注意，是他們的決心確保華盛頓的軍隊得勝，因為此決心的精神存在於每個秉持理念作戰的士兵心中，正如一股永不認輸的精神力量。

跟你個人切身利益極有關的是賦予國家自由的力量，與每個想成為有自主能力的人必須用到的力量是相同的。這股力量就由本書原則組成。在《美國獨立宣言》的故事中，不難找到思考致富的六項原則：**欲望**、**決心**、**信心**、**毅力**、**智囊團**和**條理分明的計畫**。

知所欲求，心想事成

成功哲學自始至終都在暗示：**意念**。**有強烈欲望的支撐，就能化欲望為實質對等物**。在這個故事和美國鋼鐵公司成立的故事中，你都可以找到轉換意念的方法。

在你尋找祕訣時，別試著找尋奇蹟，因為根本沒有奇蹟，你只會找到永恆不變的**自然定律**。這些定律是有信心及勇氣應用它們的人唾手可得的。它們可用來為一個國家帶來自由，或聚積財富。

能迅速、明確下定決心的人，知道自己**要的是什麼**，也能獲得所求。各行各業的領袖都能快速且堅定地下定決心，這就是他們成為領袖的主因。這世界總是有空間供那些用言行表現目標的人發揮，總為他們保留一席之地。

猶豫不決通常是年少時期便有的習慣，當你渾渾噩噩唸完小學、中學甚至大學，它就會變得牢不可破。

猶豫不決會隨學生時代結束而走入職業生涯（當然，如果職業是自己選的）……通常這種青年離開校門後皆遷就於所能找到的工作。他會接受第一個找到的工作，因為他已深陷猶豫不決的習慣。百分之九十八為保住飯碗而工作的人，會一直處於他們今日的職位，那是因為他們缺乏下定決心的果斷力，無法計畫去獲得更好的職位。此外，他們也缺乏如何選擇雇主的知識。

決定需要勇氣，有時是極大的勇氣。簽署《美國獨立宣言》的五十六個人，就是把自己的生命下注於這個決定。明確地表達決心要獲得某個特定職位，且願付出代價，所下的賭注不是生命，而是自己的經濟自由。經濟獨立、財富、令人稱羨的事業和地位，是忽略、拒絕期待計畫和要求的人所無法獲得的。運用山謬爾·亞當斯渴求殖民地自由的精神去追求財富，這樣的人一定會致富。

第九章　毅　力

精確要點

毅力改變人的性格，猶如碳將易碎的鐵化為堅硬的鋼。藉由毅力，你能發展出一個金錢意識的神奇商數，你的潛意識因而不斷運作，讓你獲得金錢。

成功培養毅力八大面向告訴你如何培養毅力，為你的毅力提供精確的目標。

芬妮．赫斯特、凱特．史密斯和費爾茲等人教導我們毅力的價值。穆罕默德及其他人則讓我們了解毅力如何改變歷史。

四個簡單的步驟培養出毅力，同時抵擋任何可能影響你的負面影響力。

找出窒礙難行處，你便知道如何去除阻礙。

毅力是化欲望為金錢等物必要的因素。毅力的基礎是**意志力**。意志力和欲望可結合成不可抗拒的完美組合。聚積巨額財富的人通常被認為是冷酷無情，甚至殘忍的，其實這是一種誤解。他們擁有的就是意志力、毅力，以及欲望，如此才能確保達成目標。

大部分的人總是隨時準備放棄自己的目標，一看到阻礙或不幸便立刻放棄。只有少數人會不顧阻礙，繼續堅持，勇往直前，直到達成目標。

「毅力」可能不具任何英雄式的涵意，此特質之於個人的性格，正如碳之於鋼。

測試你的毅力強度！

當你意圖遵循本書內容實行第二章的六大步驟，便是在考驗你的毅力。除非你是那百分之二的人，有明確目標、明確計畫，否則你很可能讀了這些指示以後，仍然我行我素，繼續相同的生活，根本不照指示去做。

缺乏毅力是失敗的主因之一。此外，數千人的經驗證實，缺乏毅力是大部分人共通的弱點。然而這個弱點是可以克服的，能否克服缺乏毅力的缺點，完全取決於個人的欲望強度。

任何成就的起點都是**欲望**，請永遠記得這點。微小的欲望帶來微小的收穫，如小火只能帶來微溫。如果你發現自己缺乏毅力，請燃起熊熊的欲望火炬，這可能就是解決之道。

你遵循第二章六大步驟的熱中程度，清楚說明你有多強的致富欲望。如果你發現自己漫不經心、毫不在乎，便可斷定自己還沒獲得必備的「金錢意識」。沒有它，你無法致富。

財富會流向準備好吸引它們的人，正如水必然流向海洋。

假如你發現自己缺乏毅力，請注意〈毅力〉一章的指示，讓自己組織「智囊團」，透過這些成員的合作，能夠培養毅力。在〈自我暗示〉和〈潛意識〉的章節，你可以找到其他指示。請遵循這幾章的指示，直到你將渴望的目標，清晰地傳達給潛意識，這樣你便不會缺乏毅力。

因為無論你清醒或睡著，潛意識都不會停歇。

創造「金錢意識」，摒除「貧窮意識」！

斷斷續續地應用這些原則是沒有用的。你必須持續應用所有的原則，直到養成**習慣**。除此之外，沒有其他培養「金錢意識」的方法。

貧窮往往靠近擔憂貧窮的人，金錢則靠近準備迎接財富的人。貧窮意識會自動攫取沒有金錢意識的心靈。**招致貧窮的習慣無須刻意培養，金錢意識則須刻意創造**。留意使金錢意識處於發號施令的地位，除非你天生就有金錢意識。

掌握以上敘述的意義，你便能了解毅力對致富的重要性。沒有毅力，你將被打敗，甚至還未開始，便已被打敗。但有毅力，你就會贏！

經歷過夢魘，你便能了解毅力的價值。想像你正躺在床上，在夢與真實的邊陲，感覺自己將要窒息而亡。你無法翻身或牽動任何一條肌肉，你意識到自己必須重新掌控自己的肌肉。你透過意志力不斷努力，終於可以移動一根手指。藉著移動手指，你將控制力延伸到一隻手臂的肌肉，直到你終於能舉起手。然後你用同樣的方式控制另一隻手臂。接下來，你終於能控制一條腿的肌肉，再延伸到另外一條腿。以一股無比的意志力，獲得肌肉系統的控制力，然後「突然」掙脫夢境。

毅力可以快速掙脫怠惰

「快速掙脫」精神怠惰需要同樣的步驟。一點一滴地前進，再逐漸加速，直到完全掌控意志。剛開始，無論進展有多慢，你都要保有毅力，堅持下去。有毅力，便會成功。

精心挑選「智囊團」成員，其中至少要有一位能協助你培養毅力。有些人能培養毅力，是因為他們受到環境的驅策，不得不堅持到底，而這就使他們獲得了成功。

培養毅力的人，似乎總能享有免於失敗的保證。他們無論受挫多少次，總能東山再起，到達巔峰。有時候，似乎有一位**隱形的指導者**，專門用令人沮喪的挫敗來考驗人們。經歷那些挫敗還能站起來繼續努力的人，終能抵達終點，接受世人的歡呼：「好耶！我就知道你辦得到！」隱形的指導者不會讓任何通不過毅力考驗的人享受成就。無法承受考驗者，不及格！

那些經得起挫折考驗的人，會因毅力而獲得豐富的報酬，可以達成任何目標。不只如此，還可以獲得比物質報酬更重要的體悟——**每次的失敗，皆帶來相等的利益**。

告訴自己，你就是要贏！

這項原則有一些例外。只有少數人能由經驗得知毅力的可靠。他們認為「失敗只是暫時」。他們就是一群堅決地運用欲望之力，將失敗化為勝利的人。我們這些旁觀者看過極多的人一蹶不振。我們也見過極少數的人將失敗的懲罰，當作「更努力的激勵」。這些人幸運地不懂得接受生命的逆境。我們看不到這股力量，但多數人不曾質疑它的存在，它是一股無聲但不可抗拒的力量，會拯救面臨挫折仍繼續奮鬥的人。我們稱這股力量為毅力。我們都清楚，**若不具毅力，在任何行業中，都無法獲得顯著成就**。

寫這幾行字時，我暫停寫作抬起頭，看到一條街之外神祕的百老匯，它是「希望幻滅的墳場」和「機會的門廊」。人們從世界各地來到百老匯，尋找名、利、權、愛或任何人們視為成功的東西。偶爾有人會從尋覓的隊伍中脫穎而出，使全世界看到又有巨星征服了百老匯。其實要征服百老匯並不容易，也非短期可達成。唯有你拒絕放棄，百老匯才會承認你的才能，認同你的天分，回報金錢和名利。

沒錯，征服百老匯的祕訣就是毅力！

芬妮．赫斯特（**Fannie Hurst**）的奮鬥就說明了這個祕訣。她的毅力征服了這條絢爛大道。她於一九一五年來到紐約，想藉寫作致富。她的轉機來得很遲，但終究成功。她持續四年親身去了解這條「紐約人行道」。她白天絞盡腦汁寫作，夜晚殷切地期盼機會到來。當期盼落空，她並沒有說：「好吧，百老匯，你贏了！」而是說：「很好，百老匯，你擊敗了一些人，但擊不倒我，我一定會使你屈服。」

在她突破困境以前，一家出版商（星期六晚報，The Saturday Evening Post）拒絕了她三十六次。一般作家（正如其他行業的人）遭到第一次拒絕便會放棄。而她在這條路上辛苦地走了四年，只因她決意要贏。

報酬接踵而來。詛咒被破除，隱形的指導者在考驗芬妮．赫斯特以證明她的毅力。從此以後，出版商絡繹不絕。她的財源滾進，速度快到無暇細數。接著，電影界人士發現她，至此，財富不再是涓涓細流，而是如洪流。

芬妮．赫斯特並非特例。無論人們在何處致富，你都可斷定，他們都具備**毅力**。百老匯或許會給任何的乞討者一點甜頭，但想追求豐厚的報酬，非有極大毅力不可。

凱特．史密斯（Kate Smith）看到這篇故事時一定會說「阿門」。因為在她能拿起麥克風演唱以前，有好幾年的時間，她不求金錢、不問代價地唱。百老匯對她說：「來拿啊，只要妳熬得住。」她真的堅持下去，直到勝利的日子來臨，百老匯終於對她說：「唉，妳根本不知挫折為何物，說出妳的價碼，然後去認真工作吧。」結果史密斯小姐說了一個非常豐厚價碼！

成功培養毅力的八大面向

毅力是一種心理狀態，因此是可以培養的。正如其他心理狀態一樣，毅力奠基於明確的原由，包含以下八大面向：

①**目標的明確性**。知道自己要什麼是培養毅力最初、最重要的步驟。強烈的動機可以超越重重困難。

②**欲望**。一旦我們立志去追求、有強烈渴望的目標，便容易獲得和保持毅力。

③**自信**。相信自己有實現計畫的能力可以激勵一個人有毅力地貫徹計畫（自信可藉「自我暗示」的原則來培養）。

④**計畫之明確可行性**。條理分明的計畫即使不切實際，依然能夠激發毅力。

⑤**正確的知識**。基於經驗或觀察，知道自己的計畫的確可行能激發毅力。以「猜測」取代「正確認知」會摧毀毅力。

⑥**合作**。同情、體諒以及與他人合作易於培養毅力。

⑦**意志力**。將自己的意念專注於構築計畫可引發毅力。

⑧**習慣**。毅力來自習慣。心靈會吸收日常經驗成為經驗的一部分。恐懼（人類最糟糕的敵人）能藉「強迫式的勇敢行為」來治癒。每一個在戰場上出生入死、身經百戰的人，都了解這一點。

列出毅力薄弱的弱點清單

再做一次自我檢視吧，看看自己是在哪些項目缺乏毅力。一點一滴評量自己，看看在這八項毅力要素中，自己缺了幾項。這分析結果將使你重新認識自己。

在以下十六個弱點裡，你將發現橫阻於你和成就之間的敵人。你不只會看到毅力薄弱的「癥狀」，更可看到這個弱點深植潛意識的原因。假如你真想知道自己是誰、能做什麼，請仔細研究這分清單，勇敢面對自己。這些都是想致富者必須克服的弱點：

①無法認清、明確定義自己要什麼。

②拖延（通常伴隨一連串的託辭和藉口）。

③缺乏獲取專業知識的興趣。

④猶豫不決，習慣推諉責任、不肯正視問題（總有託辭在支撐）。

⑤諸事不順時依賴託辭、藉口，不願研擬解決問題的明確計畫。

⑥自滿。這項弱點幾乎無藥可醫，患有此症的人是沒希望的。

⑦漠不關心、凡事不在乎。隨時準備妥協，不願面對逆境，起身奮鬥。

⑧習慣因自己的錯誤而責怪他人，認為不利環境是不可避免的。

⑨欲望薄弱，忽略能驅策行動的動機。

⑩一有失敗的徵兆便退卻，甚至渴望放棄（這是因為恐懼）。

⑪缺乏條理分明的計畫，也沒有將計畫寫下來，放在能經常看得見的地方。

⑫疏於將構想化為實際行動，沒有培養習慣以在機會現身時及時掌握。

⑬空想（wishing）未能凝聚成意志（willing）。

⑭安於貧窮不想成功，欠缺「實現」「執行」和「擁有」的雄心壯志。

⑮尋找致富捷徑，想不付出代價便有收穫。好賭博，從事投機的買賣。

⑯害怕批評。擔心別人的想法、做法和說法而無法擬定計畫、付諸實行。這個缺點該列於清單之首，通常存於潛意識，個人無法察覺（請參考第

十五章〈六種恐懼〉）。

千萬別擔心別人怎麼說

我們先來檢視害怕批評這一點。有些人因害怕批評而不斷受到親戚、朋友，甚至一般大眾的影響，無法好好過自己的生活。

還有很多人選錯結婚對象，卻不願有個了斷，只能終生鬱鬱寡歡、愁雲慘霧，因為他們害怕更正錯誤會受到別人的批評（任何屈服於此恐懼的人，都深知不幸婚姻將造成不可挽回的傷害，會摧毀個人的抱負和成功的欲望）。

許多人離開學校後就不想重拾之前耽誤的教育，因為他們害怕批評。

無數人都因害怕批評而讓親友以責任之名毀了他們的生活（責任不須要任何人來破壞自己的抱負，不須剝奪依自己方式過日子的權利）。

人們拒絕在事業上冒險，因害怕失敗會招來批評。在這種情況下，對**批評的恐懼**，勝過對**成功的欲望**。

太多的人不願為自己定下高遠目標，甚至輕忽志業的選擇，因為害怕親人和朋友批評：「別好高騖遠，別人會以為你瘋了。」

當安德魯·卡內基建議我投注二十五年整理「成功哲學」，我第一個念頭就是擔心別人會怎麼說。那個建議為我設定的目標，超過任何我想像過的目標。我心瞬間閃過託辭和藉口，這些皆源於人天生對批評的恐懼。我心中有個聲音說：「你做不到，這工作太龐大，耗時太長，你的親人會怎麼想？你靠什麼生活？沒有人整理過成功哲學，你為何認為自己做得到？再說，你以為你是什麼人，敢如此好高騖遠？想想你卑微的出身，你懂什麼哲學？人家會認為你瘋了（確實如此），為何之前沒人做過這事？」

許許多多的問題閃入我腦海，讓我不得不專心思考。似乎突然間，全世界都將注意力轉向我、嘲弄我，叫我放棄卡內基先生所建議的欲望。

當時，此抱負還未成形，未掌控我心，我大可扼殺這個好機會，但經驗告訴我，大部分的構想誕生時都是無生命的，須要透過明確的**行動計畫**才能**注入生命力**，所以培育構想的時機，就是**誕生**的時候。構想只要多存在一分鐘，便多一分生存的機會，而害怕批評是破壞大多構想的真正原因，那會使構想永遠達不到計畫和行動的階段。

隨時為自己訂作機會

許多人認為實質的成就來自有利的「機會」。這種想法雖有一點根據，但完全依賴運氣的人總會失望，因為他們忽略有利的「機會」可以訂作。

經濟不景氣時，喜劇演員費爾茲（W. C. Fields）失去所有的錢，他沒收入、沒工作，而且過去賴以為生的方式（雜耍）已不復存在。此外，他已年過六十，是許多人認為「老了」的年紀。他雖然渴望東山再起，願意在新的領域（電影）無酬工作，但卻跌傷頸部。對許多人而言，這該是喊停的時候，但費爾茲堅持不懈。他知道，堅持下去早晚會得到「機會」，後來他的確得到了，但一點也不僥倖。

接近六十歲的瑪莉・德瑞斯勒（Marie Dressler）落魄潦倒，沒錢也沒工作，她卻持續追求「機會」，且終獲機會。晚年，毅力為她帶來驚人的勝利，而她的年紀已遠超過多數人志氣消沉的年齡。

艾迪・坎特（Eddie Cantor）於一九二九年股市崩盤時，財產付諸東流，但他仍保有毅力和勇氣。憑著毅力和勇氣，加上獨到的眼光，他為自己開創週薪一萬美金的收入！真的，一個人如果有毅力，即使沒有其他特質，一樣可以有好的發展。

所有人唯一可以信賴的「機會」，就是自製的「機會」！這些機會來自毅力，出發點是明確的目標。

我們做個小實驗吧！隨機問一百個人，他們一生中最想要的是什麼，九十八個人會答不出來。假如你硬要他們說出一個答案，有些人會說安全，有些人會說名氣和權勢，還有一些人會說社會的肯定、舒適的生活、唱歌、跳舞或寫作的能力，但沒有人能精確解釋這些字詞，或描述他們希望用來達成這些模糊願望的計畫。財富不會回應願望（wish），只會回應明確的計畫，必須有明確的欲望（desire）才能支撐你透過毅力來實行計畫。

培養毅力四步驟

有四個簡單的步驟可以助你培養毅力。不需絕頂聰明的腦袋，不需高深學問，只要一點時間和努力。

①由熾烈欲望所支撐、立志要達成的明確目標。
②採取實際行動的明確計畫。
③絕對不受消極的意見影響，包括親人、朋友和熟人的消極建議。
④結交一或多個能激勵你貫徹執行計畫的朋友，組成智囊團。

各行各業想獲得成功都需要這四個步驟。成功哲學的十三項原則，就是要讓人養成習慣採取這四個步驟。以下是這四步驟的意義：

它們是用來掌控經濟命運的步驟。
它們是催生思想自由與獨立的步驟。
它們是致富的步驟，無論是小康或巨富。
它們是邁向權力、名氣和肯定的道路。
它們是確保「機會」的步驟。
它們是化夢想為物質的步驟。
它們使人克服恐懼、沮喪和冷漠。

採用這四個步驟的人，能得到驚人的報酬——自訂價格的特權，以及使生命實現欲望的特權。

毅力比蠻力更能克服難關

什麼神祕力量使有毅力的人能夠克服困難？毅力是否可在人心中設計某種超凡的、心靈的活動，使人獲得超自然的力量？宇宙的無窮智慧是否會偏袒一個輸了戰役、全世界皆與之為敵卻仍然奮鬥不懈的人？

我長期研究成功哲學，心中不禁浮現這些問題。亨利・福特白手起家，除了毅力，他什麼也沒有，卻締造了大規模的工業王國；湯瑪士・愛迪生只受不到三個月的學校教育，卻成為世界頂尖的發明家，並以毅力發明了留聲機、燈炮等。

我很高興自己有幸分析愛迪生和福特先生的事例，我認為他們除了**毅力**，沒有其他特質可以與他們驚人的成就沾上邊。這是我長期觀察的結論。

當一個人客觀無私地研究偉人、哲人、神蹟者和宗教領袖，總會得到一個必然的結論——**毅力**、**專注力**和**明確目標**就是他們成功的主因。

請思考穆罕默德（Mohammed）奇異、迷人的故事，並分析他的一生和現在經商成功者比較，你會發現，他們有一項特殊的共通點——毅力！

假如你想於研究使毅力發揮功效的神奇力量，不妨讀一讀穆罕默德的傳記，尤其是艾瑟．貝（Essad Bey）的版本。湯瑪士．修格魯（Thomas Sugrue）在《先鋒論壇報》（*Herald-Tribune*）所寫的書評，可為有意閱讀穆罕默德傳記的人，提供珍貴的預覽。

最後一位偉大的先知

湯瑪士．修格魯所著的書評如下：

穆罕默德是先知，但他從未展現奇蹟。他不是神祕主義者，沒有受過正式教育，四十歲才開始傳道。當他宣稱自己是上帝的使者，帶來真正的宗教訊息，他受盡嘲弄，被視為瘋子。兒童絆倒他，婦女向他潑穢水。他被逐出故鄉麥加（Mecca），信徒也被奪去所有財產，隨他被流放到沙漠。傳道十年，他所得的成果就是放逐、貧窮和嘲弄。然而，緊接著不到十年的時間，他已是阿拉伯的統治者、麥加的領袖以及新世界宗教的首領。在耗盡他的原動力之前，這股宗教力量甚至逼近多瑙河和庇里牛斯山脈。原動力分為三部分：言詞的力量，禱告的效能，以及人和上帝的親密關係。

他的經歷並不顯赫。穆罕默德生於麥加一個衰落的世家。麥加是世界的十字路口、黑石（Caaba）聖堂的故鄉、貿易大城及貿易路線的中心，因為衛生不佳，麥加的子民都被送往沙漠地區，由流浪的貝都因人（Bedouin）撫養長大，穆罕默德也是如此被養大的。他從遊牧者的奶水獲得力量和健康。他照顧羊群，被一位富有的寡婦雇用為商隊領隊。他的旅行足跡遍及東方世界，與不同信仰的人交流，注意到基督教分裂為數個敵對教派。在他二十八歲時，卡迪亞（Khadija，那個寡婦）喜歡上他，和他結了婚。寡婦知道父親會反對這門婚姻，因此，她將父親灌醉，扶持著他來主持婚禮。接下來的十二年，穆罕默德成為一個精明的商人，過著富裕、受尊敬的日子，然後，他開始在沙漠中漫遊。有一天，他帶回了《可蘭經》詩文。他告訴卡迪亞，大天使加百列現身在他面前對他說，他將成為上帝的使者。

《可蘭經》是伊斯蘭教的上帝真言，簡直是穆罕默德生命中的奇蹟。他不是詩人，沒有文辭天賦，然而，他讀給信眾聽的《可蘭經》文，卻勝過部落中所有專業詩人的詩句。這對阿拉伯而言是個奇蹟，對他們來說，文辭的天賦是最偉大的，詩人是全能的。此外，《可蘭經》說，眾人在上帝面前是平等的，全世界應是一個民主國——伊斯蘭國（Islam）。就是這種政治異說，加上穆罕默德想毀掉黑石聖堂庭院中的三百六十尊神像，使他被驅逐。那些神像吸引沙漠部落前來麥加，造生貿易活動。因此，麥加的商人、資本家團結起來，使穆罕默德被驅逐。後來，他撤退到沙漠，在那裡展開統治世界的至高權力。

伊斯蘭國興起。沙漠中出現一道撲滅不了的烈焰——一支團結作戰的民主軍隊，他們隨時準備從容赴義，毫無懼色。穆罕默德邀請猶太教徒和基督教徒加入他的陣容，因他要建立的不是新宗教，他只是在召喚所有信奉唯一上帝的人，團結成單一信仰。如果猶太教和基督教當時加入他，伊斯蘭國便已征服全世界。但他們沒有。他們甚至不接受穆罕默德消弭人類自相殘殺的勸導。因為信仰，穆罕默德的軍隊進入耶路撒冷，但沒有人遭到殺害。然而數世紀後，十字軍的戰士進入這個城市，卻沒有一個伊斯蘭教徒（包括男人、女人和小孩）得以倖存。不過，基督教倒是接受一個伊斯蘭教的構想——建立學習的場所，即大學。

第十章　智囊團的力量

精確要點

安德魯．卡內基認為對個人及商業成功最大的貢獻就是智囊團，那是你可以隨時使用的，它能讓你利用有組織且明確的知識。

人類的心靈是一種能量。以和諧精神合作，便能形成強大的能量「銀行」，加上第三種無形的力量，便會形成一個強大的智囊團。

致富需要計畫及組織。但貧窮很容易，貧窮不需要計畫。

聚集心靈力量的三個來源隨時準備協助你。知道如何使用它們的人，可以自由使用。

幸福的真義是行動，不只是擁有。

力量是致富不可或缺的條件。如果沒有力量讓你實踐計畫、展開實際行動，計畫只是無生命且無用途的東西。此章將敘述獲取力量以及應用力量的方法。

此力量可解釋為「有組織且巧妙導引的知識力量」，即是「有組織的努力」，足以使欲望化為金錢對等物。「有組織的努力」來自一群人的**合作**，這群人本著**和諧的精神**，為一**明確的目標**而努力。

聚積財富需要力量！

維持財富也需要力量！

我們一起來探究獲得此力量的方法。如此力量是「有組織的知識」，因此以下來檢視三個主要知識的來源：

①**宇宙的無窮智慧**。可藉由創造性想像力來接觸這個知識來源。

②**累積的經驗**。人類所累積的經驗可在公立圖書館找到。公立學校和大專院校也會將此種經驗分類、組織，並傳授給學生。

③**實驗和研究**。在科學領域及各行各業中，我們每天都在收集、分類和組織新的知識。當知識無法由「累積經驗」得到，必須轉向這種來源去取得。這時經常要用到創造性想像力。

我們可由以上管道取得知識。將知識組織成明確計畫，並將計畫付諸行動，知識便可轉化為力量。

檢視這三個主要的知識來源可發現，只憑自己的力量收集知識，並想透過明確的計畫去表現知識是多麼困難。假如計畫規模龐大且目標高遠，通常須誘導他人的合作，才能為這些計畫注入必要的力量。

積極從「智囊團」汲取所有力量

「智囊團」可定義為「一群人為達成明確目標，同心協力、和諧一致地付出知識與努力的合作關係」。

無法利用「智囊團」的人不具有強大的力量。為了轉化欲望為金錢對等物，你須創造計畫所需的指示。如果你堅毅且靈巧地執行這些指示，並慎重選擇「智囊團」成員，你有可能在不知不覺間達成目標的一半。因此，適當選擇「智囊團」成員，你可更加了解這股可利用但難捉摸之力量。在此，我們將解釋智囊團原則的兩個特性，一個是經濟性的，一個是精神性的。首先，智囊團經濟性的特色是顯而易見的。如果一個人身邊圍繞著一群真心幫他的人，提供他意見、諮詢，與他合作，那人一定可締造經濟利益。這種聯盟幾乎是每筆巨額財富的基礎，你對此事的了解程度將決定你的經濟地位。

智囊團原則的精神性特質較難理解。兩個心靈在一起，一定會產生第三種無形力量，猶如第三個心靈。

人類的心靈是一種**能量**形式，屬於精神性。兩個心靈以**和諧精神**合作，會形成一股**吸引力**，構築一個屬於智囊團的「心靈」。

智囊團原則是由安德魯．卡內基在五十多年前授予我，這原則成為我選擇終生職業的基礎。

卡內基先生的智囊團成員是由五十個人組成，以製造和銷售鋼鐵為目標。卡內基將自己全部的財富都歸功於這個「智囊團」。

分析所有富人，你會發現到，他們總是有意或無意地使用「智囊團」原則。

除此之外，沒有別的原則可累積如此強大的力量。

三個臭皮匠勝過一個諸葛亮

人類的頭腦猶如一個電瓶。大家都知道，一組電瓶供應的電，比一個電瓶供應的電多，而單一電瓶所供應的能量，與所含的電池數與容量成正比。

人腦也是以類似的方式作用，這解釋了有些頭腦較其他頭腦管用的原因。一組同心協力、本著**和諧精神**合作（或結合）的頭腦，所提供的**思想能量**，多於單一頭腦所能提供的能量，正如一組電瓶提供的能量，超過單一電瓶所提供的能量。

顯而易見，智囊團原則結合多個頭腦，是握有支配力量的祕訣。

當一組頭腦**和諧**地工作，這種組合所產生的能量，可供智囊團的每一個人使用。

大家都知道，亨利．福特在貧窮、失學與無知的困境中創業。他用短短十年克服這三種困難，在二十五年內，使自己成為美國的首富之一。

福特先生成為湯瑪士．愛迪生的朋友，事業才開始迅速發展。而福特先生最傑出的成就，則始於他認識哈維．懷爾史東（Harvey Firestone）、約翰・柏洛茲（John Burroughs）和路德・柏班克（Luther Burbank）之後，這些人皆非常聰明，由此可知，**偉大的力量來自心靈的友善結盟**。

用同理心、**和諧精神**與他人交往，人們會在無形中學習朋友的特質、習慣和思維能力。透過與愛迪生、柏班克、柏洛茲和懷爾史東等人交往，福特先生吸收了這四人的智力、經驗、知識和精神力量。而且他透過此書的方法，利用了智囊團原則！

前面有提過聖雄甘地。

現在讓我們來研究甘地得到驚人力量的方法。

甘地的力量在於他促成兩億多人，在**和諧**精神下，為一明確目標而同心協力。

簡言之，甘地造就了一項奇蹟，使兩億人能非被迫地接受引導，在**和諧**的精神下合作。這的確是個奇蹟，但假如你不相信這是奇蹟，請試著誘使兩個人，在和諧的精神下，合作一段時間。

所有事業經營者都知道，想要員工以**和諧**精神合作，是何等困難的一件事。

三種獲得力量的知識來源，以宇宙的無窮智慧為首。一群人以**和諧**精神合作，針對一個明確的目標而努力時會各司其職，汲取宇宙的直接無窮智慧。這是最偉大的力量泉源。天才和每一個偉大領袖均仰賴這個泉源。

本書接下來將敘述能輕易接觸宇宙無窮智慧的方法。

這並不是宗教課程，此書所敘述的基本原則，都不是意圖（直接或間接）干涉他人的宗教信仰。本書是要指導讀者如何將渴望獲得財富的明確目標，轉化為金錢。

請你**閱讀並深思**。很快地，你將能以正確的角度透視本書全貌。你現在看到的，只是各章節的細目。

正面的情緒得以積聚財富

金錢害羞且難以捉摸。**要追求和贏得它，就要像個堅定的男子追求他中意的女孩一般**。所以用來「追求」金錢的力量和用來追求少女的力量並無多大差別。

想要成功追求金錢，那股力量須與**信心**融合、須與**欲望**融合、須與**毅力**融合。必須透過**計畫**應用它，而且一定要**行動**。

當巨額財富出現，會像高山流水，**輕鬆地**流向聚積財富者，蘊藏著強大無形的力流（**stream of power**），可比喻為一道河流，只不過這河流會帶著主動投入者不斷前進，流往財富之地，而帶著不幸掉入且無法脫身的人，反方向往下流向悲慘和貧窮之境。

每一個聚積巨額財富的人，都能察覺到這股人生巨流的確存在。它是由個人思想所組成的。積極正面的思想情緒，會形成帶領人通往財富的水流；消極負面的情緒，則形成帶人往下流向貧窮的水流。

假如你正處於將你捲入貧窮的洪流，本書的原則可供你當成船槳，讓你藉以划出困境，進入另一道洪流。唯有你不斷努力應用，才可能發揮作用。只是閱讀、漫不經心地加以批判（無論在哪方面），對你毫無用處。

貧、富經常易位。**要想讓富裕取代貧窮**，通常要透過**設想周全、仔細的執行計畫才能實現。貧窮不須計畫，也不須任何人的協助，因為貧窮是大膽而魯莽的。財富則害羞且膽怯，必須被「吸引」！**

幸福的真義是「行動」，
不只是「擁有」。

第十一章　性慾轉換的奧祕

精確要點

兩項有關性慾的驚人事實將顛覆你的想法，性慾可以成為天才的基礎，正如湯瑪士．愛迪生或安德魯．傑克森。

性慾支持熱忱、創造性想像力、強烈欲望、毅力及所有能令你幸福的特質。

你要靠自己提升思想高度，它能給你珍貴的「預感」，讓你接收他人潛意識的構想。

你能輕易地使用發明家的偉大祕訣。「理性」可以幫助你的程度不如性慾給你的幫助，千萬別否定性慾這種自然的表達方式，要以許多人渾然未知的方式來利用。

每種不可忽視的力量皆能帶來無窮財富。

轉換（transmute）是「轉化、改變形式」的意思，性慾會轉變為一種心理狀態，但一般人不知這種心理狀態和性有關聯，大多人誤以為性是純生理的，其實性與心理有很大的關係。性慾隱含三種具建設性的潛在能力：

①繁衍。

②保持健康（性具有治癒力）。

③轉化性慾能將凡人變成天才。

性慾的轉換是一種心靈的轉換，很簡單且易於解釋，是把藉由肉體表現情感的形式轉化為其他形式。

性慾是人類最強的**欲望**，人被這種欲望驅策，會發展強烈的想像力、勇氣、意志力、毅力以及平時不具有的**創造力**。

性慾是如此強烈，往往使人耽溺其中，甚至甘冒失去生命和名譽的危險。若能控制性慾，導向其他用途，這股爆發力會激發強烈的想像力和勇氣，成為可應用在文學、藝術、其他專業或工作（當然包含聚積財富）的強大創造力。

性慾的轉換當然要運用**意志力**，不過所得的回報很值得。**性慾是天生、自然的，不該被埋沒或消除，但它的確該透過能夠充實身、心、靈的形式來發洩，如果不能以其他形式來發洩性慾，便只能運用肉體。**

我們可以築壩來暫時控制河流的水量，但終究須要洩洪。性慾亦然，它可以被壓抑一段時間，但還是會不斷地尋求發洩方式。假如性慾無法轉化為較具創造力的形式來發洩，就只能淪為不具價值的形式。

成就和性慾轉換的關係

知道如何以某種具創造力形式來發洩性慾的人很幸運。

科學研究顯示：

①高成就的人具有高度發展的**性特質**，懂得性慾轉換的技巧。

②巨富者以及在文學、藝術、工作、建築等領域獲得卓越成就的人，背後都有**伴侶的影響力**在驅策他們。

這是歸納各代偉人傳記所得的結論，所有證據都指出，這些偉人擁有高度發展的性特質。

性慾是一種「不可抗拒的力量」，即使綑綁住身體，也無法抑制性慾。人受到性慾驅策，**會產生一股強大的行動力**，因此可說，性慾轉換是激發創造力的祕訣。

對人和動物來說，破壞性腺，等於除去行動力的主要來源，觀察被閹割的動物可知，變性會使雄性動物喪失鬥志，雌性動物亦然。

性的動力最能刺激心靈

人類的心靈會回應**刺激**，激發強力的意念**震波**，即熱忱、創造性想像力、強烈欲望等。最能激發心靈回應的刺激物包含：

①性慾。
②愛。
③對於名、利、權勢和財富的熾烈欲望。
④音樂。
⑤友誼。
⑥為了心靈慰藉或俗世成就，以和諧關係組成的智囊團。
⑦群體共有的苦難，例如一群受害者的共同經驗。

⑧自我暗示。

⑨恐懼。

⑩毒品和酒精。

這十種心靈刺激物當中，性慾最能有效「強化」心靈，增進行動力，而這裡有八種刺激物是自然且具建設性的，另兩種則具有破壞性。利用此清單，你能夠比較各種心靈刺激物，即可得知性慾極有可能是最強力的心靈刺激物。

某個自作聰明的人曾說，天才是「留著長髮，吃怪食物，獨居，受他人嘲笑」的，但較好的定義應是：「天才知道如何提升思想高度，思想的提升程度能產生一般人無法想到的構想。」

擅於思考的人，難免會對這個定義產生疑問。第一個問題是，用什麼方式能產生一般人無法想到的構想？

第二個問題是，是否有我們知道但只有天才能使用的方式呢？那究竟又要如何使用？這些問題你可以在後文找到答案。

第六感培養天才

第六感就是創造性想像力，多數人從未使用過第六感，就算使用了，大多只是偶然地使用。**只有少數人是有意識、有目的地使用第六感**。能自由運用第六感來獲益的人就是天才。創造性想像力連繫人類的有限心靈與宇宙的無窮智慧。宗教的啟示和創新的發明都是來自創造性想像力。

靈感從何而來？

以「靈感」形式閃過腦海的想法，其實是來自：

①宇宙的無窮智慧。

②個人的潛意識。透過五感傳達到頭腦的感覺、印象和意念都存放在潛意識。

③他人的想法。他人有意識表達的意念、構想，會引發我們的靈感。

④他人的潛意識。

當某種心靈刺激物激發頭腦的作用，便會大幅度提升思想的高度，使人產生非凡的構想、意念，發揮一般思考能力無法企及的功能。

運用心靈刺激物提升思想高度，就像搭飛機到一定高度，可看到更寬廣的風景，而這是在地面上的人看不到的。此外，一旦到達此思想高度，就不會受到生存三大基本需求（食、衣、住）限制。在此時的思想世界中，已去除了普通的、乏味的思想，正如飛機上升後，地面的山丘、山谷及其他障礙物都被去除一般。

在這個非凡的思想高度，心靈的創造力得以自由馳騁，第六感盡情發揮，使人產生在其他環境下無法想到的構想。也就是說，「**第六感**」是天才與凡人的差別所在。

第六感的創造力

要經常使用和訓練第六感（創造性想像力），才能培養、發揮創造力。傑出的藝術家、作家、音樂家和詩人之所以偉大，是因為他們善用第六感，習慣傾聽**由心底發出的「細微聲音」**。

第六感發達的人都知道，最好的構想來自第六感引發的「靈感」。有一位偉大的演說家總會在激起全場轟動之後閉起眼睛，任第六感發揮。這就是偉大演說家的風範。

當人們問他，為何他總在演說的精采處閉上眼睛，他回答：「因為我是透過由內而發的靈感在說話。」

一位美國最成功、最有名的金融家在做決策前，也有閉上雙眼兩、三分鐘的習慣，他說：「閉上眼睛，我便能運用一種更優越的智慧。」

發明家在密室凝聚構想

馬里蘭，卻維卻斯（Chevy Chase）的艾摩．蓋茲博士（Dr. Elmer R. Gates）擁有兩百多個發明專利，大多是來自第六感的創造力。他使用第六感的方法很有趣，對想成為天才的人來說很重要。

在蓋茲博士的實驗室內，有一間「個人溝通室」，完全隔音，澈底阻絕光線。裡面有一張小桌子，桌上有一疊紙，桌前的牆面有控制光線的按鈕。當蓋茲博士想運用第六感，他就會進入此房間，坐在桌前，關掉電燈，專注於他的發明。他獨自靜坐，直到從沒想過、憑空而來的構想閃入腦海。

有一次，靈感源源不絕的蓋茲博士花了近三個小時才寫完筆記。事後他檢查筆記，發現有許多原理是完全創新的，沒有科學研究發現過這些原理，同時也解決了新發明的問題。蓋茲博士以此「坐待構想」謀生，甚至有美國的大公司會付他「坐待構想」的豐厚時薪。

推理的能力來自個人經驗的累積，但透過經驗所得的知識不一定正確，透過創造力取得的構想反而更可靠，因為它是來自高於推理能力的力量。

拜天才為師

天才和一般古怪發明家最主要的差別在於，天才有意識地運用第六感，亦即創造性想像力，而那些「怪人」則完全不了解第六感的能力，傑出的發明家則會同時利用綜合性想像力和創造性想像力。

發明家會透過綜合性想像力，組織已知的概念或原理，展開研發。如果發現既有的知識不足以完成這項發明，就會利用創造性想像力。使用創造性想像力的方法因人而異，但一定要具備以下條件：

①使用某種心靈刺激物來刺激心靈，發揮非凡的能力。

②專注於發明（已完成的部分），等待靈感「閃入」腦海。有時我們能快速得到明確的靈感，有時則不然，這完全取決於第六感的創造力發展到什麼程度。

愛迪生運用了綜合性想像力試做一萬多種的發明，最後才轉而運用創造性想像力，完成電燈泡的發明，製造留聲機也是類似的情況。

我有許多證據可證明，第六感（創造性想像力）的天賦是存在的，在各領域，教育程度不高卻成為領袖的人即是證據。林肯便是顯著的例子，他透過發掘、運用創造性想像力成就偉業。他能發現並開始運用此能力，是因為他遇到妻子安・茹特莉姬（Anne Rutledge），體驗到**愛的刺激**。

性慾是天才的驅策力

在歷史上，有許多偉大領袖的成就來自**女性的影響**，女性透過性慾的刺激，喚起這些領袖的**創造力**，拿破崙便是一個例子。他受第一位妻子約瑟芬的激勵，變得所向披靡，但因自以為的判斷力與理性而拋棄約瑟芬，之後便開始走下坡，最後被流放於聖赫勒拿（St. Helena）。

我可輕易舉出數十位名人**受到另一半的影響而登上成就巔峰，卻被名利沖昏頭，拋棄另一半，另結新歡，最後毀了一切**。拿破崙不是唯一成功轉換性慾得到超越理性力量的人。

頭腦會回應刺激！

性慾是最強的刺激。若能控制性慾，適當地轉換性慾，便可提升思想高度，使人掌控較低層次的煩惱。

以下成功人士皆有高度發展的性特質，他們的成就無疑是藉性慾轉換得到力量。

喬治・華盛頓（George Washington）　湯瑪士・傑佛遜（Thomas Jefferson）
拿破崙・波那帕特（Napoleon Bonaparte）　艾伯特・赫柏德（Elbert Hubbard）
威廉・莎士比亞（William Shakespeare）　艾伯特・蓋瑞（Elbert Gary）
亞伯拉罕・林肯（Abraham Lincoln）　伍卓・威爾森（Woodrow Wilson）
拉夫・愛默生（Ralph Waldo Emerson）　約翰・派特森（John H. Patterson）
羅伯特・柏恩斯（Robert Burns）　安德魯・傑克森（Andrew Jackson）
安瑞可・卡羅素（Enrico Caruso）

你可以自己閱讀傳記，尋找更多藉轉性慾換得到力量的成功人士。此外，也可以找看看是否有已故或當代的成功人士，不具高度發展的性特質。

性慾激發所有天才的創造力，無論是過去或現在，不會有任何一位偉大領袖、建築師或藝術家，缺乏這股性的驅策力。

當然，不是所有性特質高度發展者皆是天才，唯有刺激心靈，使它汲取一切力量，才能成為天才。而最好的心靈刺激物，就是性慾。我們必須將**肉體的欲望轉化為其他渴望和行為。然而，大部分的人不但無法因強烈的性慾成為天才，還會誤解、錯用這股強烈的力量，使自己淪為低等動物。**

為何成功總在四十歲之後？

我分析無數人，發現很少成功人士是在四十歲以前就達到成就，而且有很多人是在五十歲以後才功成名就。這個令人驚訝的發現促使我深入探究原因。

我的研究結果顯示，大部分人無法在四、五十歲以前成功的主因在於，太依賴以肉體來滿足性慾，以致浪費精力。大部分的人永遠不了解性慾有潛在的能力，比肉體的發洩更重要。而了解這點的人，多半浪費了年輕高峰的性慾，直到四、五十歲才了解，並開始有顯著的成就。

許多人到四十歲，甚至四十好幾，還在繼續浪費性慾，那些性慾原本可以轉為更有益的力量，這就是所謂的「年輕放蕩」啊。

總之，**性慾**無疑是最強烈、最具驅策力的感性力量，因此，控制這股力量，轉換為其他行動，即可提升成就。

性慾是大自然賜予的心靈刺激物

歷史上，有許多人藉酒精和麻醉劑為刺激物，使自己達到天才的境界。愛倫．坡在酒精的作用下，寫出《烏鴉》（*Raven*）的名句：「夢想夢到凡人從來不敢做的夢」。萊黎（James Whitcomb Riley）也在酒精的影響下，寫出最好的作品，或許就是這樣，萊黎才看到「現實與夢境有序的混合，河上的磨坊，溪上的薄霧」。而喝醉的柏恩斯（Robert Burns）則留下名句：「為了往昔，親愛的，為了往昔，我們終將享有良善命運」。

這些人最後多半毀了自己。人類天生的性慾，是大自然賜予的最佳心靈刺激物，沒有其他東西可以取代。

心理學家深知性慾會刺激心靈、影響精神，這也解釋了原始部落的人們在參與具「復活」意義的宗教慶典時，為何會表現出荒誕的行為。

是感性統治了這個世界並建立文明。比起理性，行為較受「感性」影響。心靈的創造力完全靠**感性**來賦予它**行動**，而不是靠冷酷的理性。屬於感性的性慾是最強而有力的心靈刺激物，它的驅策力比所有心靈刺激物都強。

心靈刺激物可以提升思想的高度，前文已列出十項主要的心靈刺激物，若善加運用，就可以連繫於宇宙的無窮智慧，也可以汲取潛意識的力量，使自己成為天才。

性感帶來魅力

一個訓練過三萬多名推銷員的職業訓練老師發現，**性感的人通常是最厲害的推銷員**。由此可知，「**個人魅力**」就是性的吸引力（性魅力）。性感是魅力，也是生命力，有利於人際關係。這股力量可以透過以下媒介，傳遞給他人：

①握手。手的碰觸可以測試該人是否有性的吸引力。

②聲音語調。性魅力能使聲音有特色、悅耳、迷人。

③身體姿勢和舉止。性感的人行動輕快、優雅、從容。

④思想的傳遞。性感的人可以自由融合性慾與思想來影響身邊的人。

⑤身體的修飾。性感的人通常非常注重外表。他們會選擇同類風格的衣服，以突顯自己的個性、體態和相貌。

精明的銷售經理會優先雇用具個人魅力的推銷員。缺乏**性魅力**的人，永遠無法以熱忱激勵別人，而**熱忱**正是推銷術最重要的要素。

演說者、辯論家、傳教士、律師和推銷員，若缺乏性魅力，就很難影響他人。你必須訴諸感性，才能影響大多數的人。**推銷大師能精通銷售術，是因為他們有意無意地將性慾轉化為銷售熱忱！**

推銷員懂得如何不再專注於追求**性愛**，將性慾轉變為**熱忱**和**決心**，運用於銷售工作，也就是獲得性慾轉換的技巧。然而大部分成功轉化性慾的推銷員都不知道自己正在轉換性慾。

轉換性慾需要極大的意志力，一般人不願意為此付出如此大的意志力。但你可以**慢慢培養**意志力，這將予你極值得的回報。

水能覆舟亦能載舟

對於性，大部分的人都很無知，而性慾的潛在能力，大多被無知和心術不正者誤解、誹謗和諷刺。

有幸享有高度性魅力的人，通常被認為是受到詛咒，而不是受到祝福的，一如「紅顏禍水」的意思。

即使在這個開明的時代，還是有千百萬人因為認為強烈的性魅力是一種詛咒而感到自卑。

我對性魅力的稱讚，當然不是在為「放蕩」辯護。你必須有判斷力與智慧。在有辨識力的情況下，性魅力才能成為美德，若誤用性魅力，不但無法充實身心，反而會貶低身心。

我所分析的**偉大男性領袖，幾乎每一位的成就，都是被某一位女性激發的**，這發現對我而言頗具意義。而且**許多偉大領袖的「女主角」都是謙遜、自我犧牲的妻子，大眾通常不太認識她們，甚至完全不了解。**

每個聰明人都知道，依靠飲酒和麻醉劑帶來過度刺激，是一種毀滅性的放縱方式，然而很多人不知道，過度耽溺於性愛，可能變成一種習慣，會傷害創造力。

沉迷於性愛，其實和毒品沒什麼兩樣！兩者都會使人無法控制自己的理性思考與意志力。

很多人之所以會罹患妄想症，是因為不了解性慾真正的功能，養成了縱慾習慣。

不懂性慾轉換課題，會使無知者遭受嚴重的懲罰，也會使他們無法獲得豐厚的利益。

人們對性如此無知，是因為性一直被當成禁忌話題，卻也使人更加好奇，但令心理學家（最有資格執行性教育者）慚愧的是，一般人很難接觸性的知識。

四十歲後才是成熟創造期

很少人在四十歲以前就擁有極高的創造力。**四十至六十歲才是一般人**

最強的創造力階段，這是我觀察數以千計的人後得來的結論。這對未滿四十歲且未獲成就的人、四十歲左右的人、害怕年老的人來說，應該相當具有鼓勵作用。四十歲到五十歲的時光是最豐富的，接近四十歲的人，不應心懷恐懼、憂慮，應該**滿懷希望與期待**。

假如需要證據來證明大部分的人都是四十歲以後才有取得最佳的成就，不妨研究著名成功人士的紀錄。亨利・福特過了四十歲才步上成功之道；安德魯・卡內基四十幾歲才開始享受努力的成果；詹姆士・希爾（**James J. Hill**）四十歲還在敲電報鍵，過了四十歲才獲得驚人的成就。美國企業家和資本家的傳記，充分證明了四十至六十歲是人生產能最豐饒的時期。

人們在三十至四十歲時開始學會（如果他有在學習）性慾轉換的技巧，通常是在偶然間發現性慾得以轉換。三十五到四十歲的人，可能注意到自己的工作能力提升，但大部分的人並不清楚原因。三十至四十歲的人，**愛的感受與性的激情**會自然而然地開始**調和**，因此他可以融合這些強大的力量來**激發行動力量**。

浪漫就是力量

性本身就能激發行動力，但性的力量像颶風，無法控制。但**若愛的感受和性的激情融合，便會產生明確的目標、鎮定的態度、精確的判斷以及身心的平衡**。一個人若到了四十歲仍無法體會這些、無法以自己的經驗來印證，即是最大的不幸。

若僅基於性的激情而受到取悅女性的欲望所驅策，男人可能也會（通常會）獲得偉大的成就，但行為可能脫序、扭曲、具破壞力，可能會偷竊、欺騙，甚至殺人。可是若性的激情融合愛的感受，人就可能以更睿智、均衡和理性的方式來引導自己的行為。

愛、**浪漫**和**性**都能夠驅策男人達到成就巔峰。愛的感受有如安全閥，能確保身心均衡、平靜，使人做具建設性的事。融合這三者便有可能將一個人提升至**天才的境界**。

感性攸關心靈。上天提供人類「心靈的化學變化」，運作方式近似物質的化學變化。大家都知道，透過物質的化學變化，化學家可混合數種化學原子，製成致命的有害物質，但那些化學原子在適當的劑量下都不是有害的。感性也可以如此融合而變得有害。例如，**性慾**和**嫉妒**混合可能會使人成為失去理智的**野獸**。

當人類心中出現破壞性情緒，便會透過心靈的化學變化，產生能破壞正義感的有害物質。

發展、控制以及運用「性」「愛」和「浪漫」，可以造就天才，而過程如以下所述：

我們鼓勵這些情緒出現成為心中的主宰意念，並抑制所有破壞性情緒的產生。因為**心靈是習慣的產物，會依照灌注其中的主宰意念來發展**。我們可以透過**意志力**去抑制所有情緒，也可以助長所有情緒。用意志力控制心靈其實不難，只須運用毅力和習慣，祕訣在於了解轉換的過程，若有任何負面情緒出現，皆可藉由改變個人思想的簡單過程，轉換為正面情緒。

想成為天才，除了自我的努力，別無途徑！**人或可只靠性慾的驅策達到經濟或事業成就的巔峰，但歷史顯示，這些人可能（通常）具有某些特質，而那些特質會剝奪他保持或享受成就的能力**。這點頗值得我們分析、考慮與深思，因為它陳述了一個事實，了解此事實，對女性和男性都有幫助。已有數以千計的人因不了解此事實，雖擁有財富，卻失去幸福快樂的權利。

真愛長在，造就天才

愛的記憶永不逝去，即使愛人已離去，愛依然會長久徘徊、給予指引並產生影響。每個曾受真愛感動的人都知道，愛會在心裡留下永存的痕跡。愛的影響長存，因為愛的本質是精神層面的。沒感受到愛就登上成就巔峰的人如行屍走肉。

有時候，回顧過去，讓心靈沉浸在愛的美好回憶，會緩和憂慮和苦惱所帶來的影響，使你暫時逃避不愉快的現實，或許在退避至回憶的這段短暫時光中，你的心靈會提供可以改變經濟或精神的構想與計畫。

假如你因自己愛過，卻失去所愛而感到不幸，請排除這種想法。真正愛過的人是不可能完全失去愛的。愛神奇而多變，到來與離去都毫無預警。好好地把握並享受愛，但不要把時間浪費在憂慮愛的離去。憂慮也喚不回愛。

別有真愛只來一回的念頭。愛來來去去，真愛不限定次數，但不同段戀愛，會以不同的方式影響一個人。**但所有愛的經驗都是有利的，除非一個人由愛生恨，變得憤世嫉俗。**

假如一個人了解愛和性慾的差異，就不應也不會對愛失望，主要的差異在於，愛是精神層面的，性是生理層面的。除了無知和嫉妒，以精神力量觸及人心的經驗，沒有一種是有害的。

無疑地，愛是人生**最重要的經驗**。它引領人的心靈和宇宙的無窮智慧交談。當它融合了浪漫與性，便能使人表現出高度的創造力。**「愛」「性」和「浪漫」是成就的三大要素**。

愛具有許多面向、角度和顏色。但最強烈、最熾熱的愛，是愛和性融合的愛。夫妻如果無福享有愛和性調和的親密感，不可能幸福，婚姻很難維持下去。只有愛可能無法為婚姻帶來幸福，只有性當然也不可能，只有融合所產生的心靈狀態，才能到達最接近不凡的精神層次。

而浪漫、愛和性融合，人類有限心靈和宇宙無窮智慧之間的障礙，才可完全消彌，造就天才！

妻子為何可以成就或毀滅男人？

正確了解本章內容，可使許多婚姻關係**由混亂走向和諧**。婚姻關係充滿抱怨，大多是因為性的不滿足。具備**愛、浪漫以及性**的婚姻關係才會和諧。

妻子若了解愛、性和浪漫的關係，對丈夫來說何其幸運。若這三者調和，則沒有任何勞動工作會顯得沉重，因為此時，即使是最低等的勞動工作，亦是基於愛的本質。

有句西諺是：「男人之妻可成就他，或毀掉他」。其中，「成就」和「毀滅」的關鍵就在於妻子是否了解「愛」「性」和「浪漫」。

女人讓先生對她失去興趣，而對另外一個女人感興趣，通常是因為對於性、愛和浪漫的無知或漠視。這說法的前提當然是這對夫妻是真愛。這亦適用於讓妻子對自己失去興趣的男人。

若夫妻經常為各種瑣事爭吵不休，經過分析會發現，這些爭吵是來自不了解或不關心愛、性和浪漫。

取悅女人的欲望

取悅女人的欲望最能驅策男人！在文明展露曙光以前的史前時代，男人狩獵表現傑出，就是想在女人面前顯得英勇。在這方面，男人的本性未曾改變。今日男人不是以野獸的毛皮，而是以華服、汽車和財富來獲得女人的青睞。現代男人仍擁有取悅女性的欲望，唯一改變的是取悅方式。**男人要聚積財富和獲得權勢名氣，主要還是為了滿足取悅女性的欲望。**奪去男人生命中的女人，對大多數的男人而言，再多財富都沒有用。**女人能夠成就或毀滅一個男人，是因為男人天生想取悅女人的欲望。**

了解男人本性，並圓熟地**迎合**男人的女人，便**無須擔憂與其他女人競爭**。男人和其他男人打交道時，可能是個擁有堅強意志力的「巨人」，**但他所選的女人卻能輕易擺佈他**。

大部分男人不會承認自己容易受到心愛女人的影響，因為雄性動物天生喜歡被認為是強者。聰明的女人也認同這種男子氣概，明智地不予以爭辯。

有些男人知道自己受心愛女人（妻子、情人、母親或姊妹）所影響，但他們會機敏地不過度反抗這股影響力。因為他們夠聰明，知道**如果沒有女人的影響力，他們便不快樂、不完整**。無法體認這項重要事實的男人，就是剝奪了這股最有助於他獲得成就的力量。

第十二章　潛意識

精確要點

潛意識會接受所有意念，包括失敗以及成功的意念。而潛意識要接受哪種意念的決定權，由你掌握。

認識七大負面情緒，確定它們不會在你心中滋長，並掌握七大正面情緒。

你可以調整自己的心靈來接收宇宙的無窮智慧，讓整個宇宙的能量幫助你，使祈禱成真。

訓練自己運用強大的潛意識，便能控制支撐每個計畫與工作的動力。

人的偉大來自廣大的思想範圍。

潛意識分類、記錄所有由五感傳遞至潛意識的意念，進而產生思想，猶如一個資料庫。

無論是什麼性質的意念，潛意識都會接收、分類。你可將化欲望為實質對等物的計畫、意念植入潛意識。而潛意識會優先回應混合**情緒**（例如信心）的**主宰欲望**。

回想第二章〈欲望〉與第七章〈條理分明的計畫〉的重點，你便能了解控制潛意識的重要性。

潛意識的作用不分晝夜，透過人類不了解的程序，潛意識會汲取宇宙的無窮智慧，運用最實際的方法，將人的欲望轉變成實質對等物。

你無法完全控制潛意識，但可以依自己的意願，將你希望轉化為具體形式的計畫、欲望和意念傳達給它。請回顧第四章〈自我暗示〉，重讀應用「潛意識」的指示。

潛意識連繫人類的有限心靈與宇宙的無窮智慧，我有足夠的證據支持這個說法。透過一種祕密的過程，人類的衝動會被修正成精神力量，使祈禱獲得回應。

潛意識引爆創造力

潛意識能激發的創造力，驚人且不可思議。

我每次討論潛意識時都會覺得人類是如此的渺小，或許這是因為人類太不了解潛意識。

你必須相信潛意識的存在，知道潛意識能夠化欲望為實質對等物，才能掌握第二章〈欲望〉的意義，了解明確的欲望、複述欲望聲明、毅力的必要。

第一次嘗試此做法失敗時，千萬別氣餒。記得，潛意識唯有透過**習慣**，才可受你的意願指引。也許目前你還無法支使你的信心，但只要有耐心、有毅力，你必可培養出你的信心。

為了對你的潛意識有利，在此將重述許多〈信心〉和〈自我暗示〉兩章中的說法。記住，你的潛意識是自動作用的，無論你有無努力影響它。這一點自然也是在暗示你，恐懼和貧窮的想法，以及所有消極負面的思想亦能充當潛意識的刺激物，除非你能掌控這些衝動，並提供潛意識更相宜的養分。

潛意識不會遊手好閒！若你沒有為潛意識植入欲望，潛意識便會接收其他意念，無論是正面的或負面的。

請記住，你每天都活在各種意念中，它們在你**不知情的狀況下**，不斷深入你的潛意識。而你應努力斷絕負面意念，將正面意念植入潛意識。

當你做到這點，就能開啟潛意識之門，防止負面意念影響你的潛意識。若不透過**意念**，人是**創造**不出任何東西的。利用**想像力**，**意念**可集結為**計畫**，引導個人步向成功。

想將欲望轉化為實質對等物的意念，以及根據此意念制定的計畫與目標，必須利用想像力與自信融合，植入潛意識。

因此你必須靈活運用本書的十三個原則，才能自由掌控潛意識。

保持正面情緒

混合「感覺」或情緒的意念，比純粹理性的意念容易影響潛意識。**唯有賦予情感的意念植入潛意識，才能產生行動力**，因此我們必須了解情緒。主要的正面情緒有七種，負面情緒也有七種。負面情緒會自動注入意念，而意念正是進入潛意識的通道。正面情緒則須透過「自我暗示」才能注入意念，傳達至潛意識。這些情緒和感覺是行動力的組成要素（可使意念由被動化為主動），就像麵包的酵母。

現在，你要影響、控制潛意識的「內在觀眾」（inner audience），將對金錢的欲望傳至潛意識。因此，你有必要了解接近「內在觀眾」的方式。**你必須說它懂的語言**，否則它不會注意到你的召喚。而它最了解的語言就是**「情緒」和「感覺」**，因此我將介紹七大正面情緒和七大負面情緒，如此一來，你在下達指示給潛意識時，就可以利用正面情緒，避免負面情緒。

七大正面情緒：

欲望情緒　**熱忱**情緒　**愛的**情緒
信心情緒　**浪漫**情緒　**希望**情緒
性的情緒

當然還有其他的正面情緒，但以上這些是最有力也最具創造力的。掌控這七大正面情緒，其他的正面情緒就能在你需要時為你所用。本書主在讓你心中充滿正面情緒，藉此協助你發展「金錢意識」。

七大負面情緒：

恐懼情緒　**貪婪**情緒　**怨恨**情緒
嫉妒情緒　**迷信**情緒　**憤怒**情緒
報復情緒

正面情緒和負面情緒不會同時存於心裡，**只有一方會主宰心靈**。你必須養成應用正面情緒的習慣，使它們完全支配心靈，讓負面情緒無法進入。

唯有**刻意**且**持續**地遵循這些指示，你才能獲得掌控潛意識的力量，只要有負面情緒，便會摧毀潛意識產生建設性計畫的機會。

有效禱告可激發潛意識

大部分的人只有在事事失敗時才會訴諸禱告，平時的禱告只是唸唸有詞、無意義的儀式。大部分的人在諸事不順時禱告，心中會充滿恐懼與懷疑，而這些負面情緒會使潛意識起作用，並傳達給宇宙的無窮智慧，使宇宙的無窮智慧做出回應。

祈求某物時心懷恐懼，你可能會得不到它，無法獲得宇宙無窮智慧的回應，也就是說，你的禱告是無效的。

禱告有時真的會應驗。假如你曾有禱告應驗經驗，請回想你當時祈禱的心態，如此你便能相信本節所述為真。

你和宇宙無窮智慧溝通的方式，好比收音機傳送聲波的方式。聲波必須先變為耳朵聽不到的振動頻率才能傳送出去。廣播電台錄下人的聲音，聲波將振動提升到數百萬次，聲波才能被衛星接收，傳送至各地。同樣地，禱告必須經潛意識轉化為宇宙無窮智慧可辨識的詞彙，才可傳遞出去，帶回答覆，亦即使禱告成真的**計畫和構想**。因此，只是照本宣科的祈禱，不能也永遠無法使人類有限心靈與宇宙的無窮智慧連結。

任何人皆可追求財富，
但只有少數人知道
明確的計畫和對財富的熾熱渴望，
才是聚積財富之不二法門。

第十三章　頭　腦

精確要點

本章的三個簡單原則將調和你的思考及成就力量，重新了解此微妙力量能夠產生極大的影響力。

心靈科學的「奧祕」，是自我改進的實用工具。請掌握假想內閣會議的祕訣。

你的腦細胞能形成思想、想像和意念，會使心靈聚集致富的力量。

大部分人都想要致富，但很少有人提供鋪設財富之路的明確計畫與熾烈欲望。

好幾年前，我與已故的貝爾博士（Dr. Alexander Graham Bell）以及蓋茲博士（Dr. Elmer Gates）共事，發現每個人的頭腦都是發送與接收意念的中樞，能接收他人釋出的意念。

創造性想像力就是頭腦的「接收裝置」，可接收他人釋出的意念，此外，它也可使人易於接收刺激，產生意念。擁有正面情緒的頭腦，更能接收刺激、提升思想高度，接收到更多外來的意念。而性慾是最強烈、最具驅策力的情緒，受到性慾刺激的頭腦，運作速度、思想靈敏度都會大大提升，勝過沒有受到性慾刺激的頭腦。

也就是說，轉換性慾可讓創造性想像力（頭腦的接收裝置）變得極易接收新構想。而且，頭腦會因性慾轉換而快速運作，使人的潛意識更易於接收意念，產生明確的計畫。

頭腦就像廣播站。潛意識是頭腦的「發射站」，會傳送意念；創造性想像力則是頭腦的「接收裝置」，會接收意念；而自我暗示的原則能讓廣播站順利運作。

敬畏世界的強大力量

現代人類過於依賴身體的感覺，只注重實質的事物。現今的時代是至今最為神奇的時代，它教我們認識世界的微妙力量，讓我們知道「另一個自我」，比鏡子反映的更有力量。

人們時常忽略不可捉摸的事物，因為我們的五感無法感受到這些事物。其實我們每個人都受到無形、不可捉摸之力控制。

人類至今仍無法應付、控制海洋的力量；無法控制使地球懸於太空、人類得以站在地表的力量；無法反抗暴風雨。尚有許多無形的力量是人類完全不了解的，而人類賴以生存的一切，都來自這世界，我們應該對這世界強大而微妙的力量心懷敬畏。

活用頭腦的驚人力量

除了世界的微妙力量，意念也是無形的力量，而且是最強大的，但是人類卻完全不了解。「頭腦」可以運用意念，創造實質對等物，人類也不甚了解。幸好，現在已有科學家研究人類的頭腦，得知頭腦的「中央配電盤」連結腦細胞的線路數量極多。

芝加哥大學的赫立克博士（Dr. C. Judson Herrick）說：「數字如此驚人！數億光年的天文數字與此比較，根本微不足道。大腦皮質層估計有一百億到一百四十億個神經細胞，井然有序地排列著，並以電流構成複雜精細的連絡網。」

這麼複雜精密的組織，真的只是為了繁衍而存在嗎？或許，這個偉大的連絡網，能讓我們與其他微妙、無形的力量溝通呢？

有一篇刊登在《紐約時報》的專文，述說了萊特博士（Dr. Rhine）和夥伴在杜克大學（Duke）所做的心靈現象研究：

何謂「精神感應」

一個月前，我們提過《哈普》（*Harper*）雜誌所刊登，由萊特博士與夥伴在杜克大學獲得的卓越研究成果，證實真的有「精神感應」和「預見能力」。現在，筆者（E. H. Wright）將於本文試著整理這些「超感覺力」。

科學家的實驗證明，精神感應真的存在。他們讓多位自稱有超感覺力的人，在不可能看到、感覺到紙牌的情況下，猜紙牌的數字，竟有大約二十人可以正確指出紙牌的數字，使人無法斷定這只是運氣和巧合。

這些受試者是如何做到的呢？一般人感覺不到超感覺力，也沒有特定器官在執行、產生這種能力。而且無論紙牌是在數百哩外，還是在同一個房間裡，他們都可以正確指出紙牌數字。萊特先生認為，所有人類已知的放射能量受到阻礙都會衰退，但精神感應和預見能力不會如此，因此不能以物理放射來解釋。而且，能力會在擁有者處於清醒、警覺狀態時，最為強烈。此外，萊特發現，麻醉劑會減弱超感覺力，刺激卻會使它提升。

最後，萊特得到一個結論：精神感應和預見能力是性質接近的天賦。因此，看到蓋住的紙牌數字，以及讀出他人心中意念的能力是一樣的。所有受試者都同時擁有這兩樣能力，而且這能力不受距離、屏障干擾。因此萊特認為，預知夢、災禍的預感等也是同一性質的能力。讀者不必完全相信此研究結論，但萊特提出的證據的確令人印象深刻。

腦力激盪，團結心靈

萊特博士認為在某種心靈狀態下，我們會擁有超感覺力，而我和我的夥伴則發現，心靈狀態可以被某種狀況刺激，產生「第六感」，發揮實際的賺錢效用。

我們透過實驗和練習，發現了刺激心靈的方式，並用此方法為顧客解決問題。

我們坐在會議桌前，集中討論問題的本質，強迫每個人都要說出自己的想法。藉此，每個人都得以接觸他人的想法，刺激自己的心靈。

這個圓桌會議就是智囊團的實際運作方式。大家一起討論一個明確的課題，正是最簡單實際的心靈刺激方式。

很少人能夠不努力
即攀上成就顛峰。

第十四章　第六感

精確要點

第六感（創造性想像力）能讓靈感和預感為你所用。

本書選擇亨利．福特等成功人士當「隱形顧問」，你也可以選擇自己的隱形顧問來幫助自己達到目標。

此章教導你使所有偉人屹立不搖的「東西」，它至今仍在各個領域造就奇蹟。

假如你想要聚積財富，這一章的指示特別重要。

本章敘述的法則「第六感」，是成功哲學的巔峰。你必須掌握前面十二項法則，才能掌握它。

第六感就是創造性想像力，也是頭腦的接收裝置，構想和意念等會經由它閃入腦海。這種靈光一閃的構想和意念，即是「預感」「靈感」。

第六感無法言喻，若尚未掌握本書前十二項法則，你就無法了解第六感。唯有讓心靈沉澱，你才能體悟第六感。

掌握本書前述的十二項法則，你便會相信以下說法：

你可以透過第六感，預知危險的到來，及時閃避危險，也可以預知機會的到來，及時擁抱機會。

第六感會為你帶來一位「守護天使」，協助你開啟智慧之門。

第六感造就無窮奇蹟

我不相信奇蹟，因為我有足夠的知識，知道上天不會偏離它既定的法則，只是因為人類難以理解祂的某些法則，才產生看似「奇蹟」的現象。而第六感就是我認為最接近奇蹟之物。

有一種力量、智慧，充滿了宇宙，圍繞在我們身邊。此宇宙的無窮智慧讓萬物生長、日夜交替、四季嬗遞，萬事萬物各司其職，維持著和諧關係。而運用本書的成功哲學，我們能夠汲取宇宙的無窮智慧，將欲望轉化為實質對等物。

我可以證明這一點，因為我親身體驗過。我曾經因英雄崇拜，試圖模仿、追隨我景仰的人，而且我發現，因為我有信心，所以真的能夠變得跟那個人一樣成功。

模仿九位偉人塑造你的人生

我從未停止英雄崇拜，因為效法偉人，讓行動和感覺都盡量接近他們，最能夠讓你變得真正偉大。

在我變成演說家之前，就養成習慣模仿九位偉人，來重塑自我性格。這九位偉人包括：愛默生、愛迪生、潘恩、達爾文、林肯、柏班克、拿破崙、福特和卡內基。好幾年來，我每晚都會想像自己在和他們開假想內閣會議，我稱他們是我的「隱形顧問」。

就寢前，我會閉上眼睛，想像這群人跟我一起圍著圓桌，由我來擔任會議主席。

我這麼做是為了重塑性格，讓自己變成這九位偉人的綜合體。因為我體認到，我必須克服環境的無知與迷信。

透過自我暗示塑造偉人性格

所有人表現出來的樣子，都是受主宰意念和欲望主導，使自己的意念、欲望成真。而自我暗示是塑造性格的唯一方法。

因此，我在假想內閣會議時會對各位閣員說：

「愛默生先生，我渴望由你那裡獲得了解自然的神奇力量，它曾使你的一生如此不凡。我要求你，將你所擁有的特質，那些使你了解並適應自然定律的特質，深印在我的潛意識。

柏班克先生，我要求你傳授我使你與自然法則如此和協的知識，憑此知識，你使仙人掌去除尖刺，成為可吃的食物。請傳授我，你如何使只長一片葉的草，長出兩片葉。

拿破崙先生，藉著向你看齊，我渴望獲得你的神奇才能，這種才能可鼓舞他人，喚起他們更大、更堅定的行動力。同時，我想獲得使你轉敗為勝、克服阻礙的持久信心。

潘恩先生，我渴望獲得使你不凡的思想自由，以及能藉以表達說服力的勇氣與思維。

達爾文先生，我希望獲得你神奇的耐心，以及你在自然科學領域中，清晰、不偏不倚的研究能力。

林肯先生，我希望擁有你特有的敏銳正義感、永不倦怠的耐性、幽默感、人道的體諒，以及容忍力。

卡內基先生，我希望澈底了解你用來建立龐大工業帝國的組織力與方法。

福特先生，我希望獲得你不屈不撓的精神、決心、穩重和自信，這些特質使你能戰勝貧困，組織、團結，簡化人類的工作，因此我可以幫助他人循你的足跡前進。

愛迪生先生，我希望獲得你揭露無數自然奧祕的信心，以及你毫不鬆懈的勤奮。」

假想內閣會議

我向閣員說的話，會依我當時最想獲得的特質而改變。我謹慎地研究偉人的一生。我每夜都會這麼做，**經過數月**，我驚訝地發現，這些假想人物竟變得**相當真實**。

而且這九個人還會發展出各自的特性。林肯發展出遲到的習慣，他會以謹慎的步伐到處走動，臉上總是帶著嚴肅的表情。我很少看到他笑。

其他幾位可就不同了。柏班克和潘恩經常沉浸於機智的對談，那些話有時似乎使其他閣員震驚。有一回，柏班克遲到，他非常興奮地解釋自己是因為在做一項實驗而遲到，他希望透過這個實驗，使任何一種樹都能長出蘋果。潘恩聽了便斥責、提醒他，所有男女問題的開端就是蘋果。達爾文開心地呵呵笑，同時想建議潘恩去森林採集蘋果時，要特別留意小蛇，因為牠們會長成大蛇。愛默生說：「沒有蛇，就沒有蘋果。」拿破崙則又加了一句：「沒有蘋果，就沒有國家！」

假想會議變得如此真實，使我開始感到害怕而中斷幾個月。因為這些經歷是如此怪誕，我擔心如果繼續下去，會忘記這些會議純粹是我的想像。

這是我第一次有勇氣提到這件事。在此之前，我一直保密，因為我知道，假如我說出這個不尋常的經驗，必定會遭人誤解。但我現在已有勇氣寫下自己的經歷，因為我已不若以往那麼在乎「他們說的話」。

為免受到誤解，我鄭重強調，我依然認為我的內閣會議是想像的，但我的假想閣員給予我奇遇，重燃我對「真正偉大」的讚賞與尊重，激發我的創造力，使我勇於表達。

探索靈感的來源

人腦有一個接收意念（一般稱為「預感」）的部位。至今，科學尚未找出這個第六感接收器位於何處，但這不重要。我知道的確可透過五感以外的方式接收意念。通常心靈受到不尋常的刺激時，便會接收到這一類的意念。**任何會喚起情緒、使心臟快速跳動的緊急狀況，都可能會使第六感發揮作用。**差點發生車禍的人都知道，在這種情況下，第六感經常會出來救援，在千鈞一髮之際，協助避開意外。

我現在要聲明一項事實：在我和「隱形顧問」開會的期間，我發現我的**心最能接受透過第六感而來的構想、意念和知識。**

有好幾十次，在我面臨危機時（有些甚至嚴重到會危及我的生命），透過「隱形顧問」的影響力，我都奇蹟似地受到指引，度過難關。

我最初和這些虛疑人物開會的目的，只是想藉自我暗示原則，將某種特質植入潛意識。最近幾年，我的實驗開始使用不同的做法。現在，我會拿困擾我和客戶的問題，來請教我的隱形顧問，雖然我不全然依賴這種會議，但卻經常有驚人的結果。

日積月累的強大力量

第六感並不是個人隨時可除掉或取得的，但透過本書前十二項法則就可培養第六感。

無論你是誰或基於何目的閱讀此書，即使你不了解此章內容，你一樣能因第六感獲益，尤其你的目標是聚積財富。

本書呈現一套完整的成功哲學，你可以藉此指引自己，獲得你所求的一切。任何成就的起點都是**欲望**，終點則是了解自我、了解他人、了解自然法則，認識並了解快樂。

唯有熟悉和使用第六感法則，這種了解才能臻於圓滿。

讀過此章後你必已注意，自己被提升到一個較高的心靈層次。真棒！請**一個月後再重讀此章一遍**，你的心將會飛向更高的層次。請**經常重複**這麼做，最後你將發現自己擁有一種力量，使你能**拋開失意**、**駕馭恐懼**、**克服延宕**，並能**隨意運用想像力**。如此，你便是感受到那個未知的「第六感」了，它一直都是直正偉大的思想家、領袖、藝術家、音樂家、作家和政治家的驅動力。

屆時，你將有能力轉化欲望為實質對等物。

第十五章　六種恐懼

精確要點

每個人都會恐懼，有些恐懼可辨識，但有些則會不知不覺地深植你心，除非你消除了播撒恐懼種子的優柔寡斷與懷疑心態。

你所用的託辭顯示你是什麼樣的人，若想思考致富，就不該讓任何託辭妨礙你。

你要聚積財富，也要聚積無法以財富衡量的資產，雖然財富能助你獲得幸福、長壽、歡樂及心靈的平靜。

當你克服了恐懼，擺脫它可能帶來的疾病，便能得到最珍貴的資產——健康！

無懼的人因遼闊的眼界而茁壯。

你必須除去猶豫不決、懷疑和恐懼，才能成功運用本書的成功哲學。

只要你心中有負面情緒，第六感便無法發揮作用，而這三種負面情緒是密切相關的。

猶豫不決會變成**懷疑**，最後逐漸形成**恐懼**！並不知不覺地萌芽、成長。

因此，你必須透過本章來了解六種基本恐懼，掌握恐懼的形成原因與補救方法。分析自我，不要讓任何恐懼限制你。記住！恐懼是很狡猾的，你必須小心應對！

人的六種基本恐懼

人的基本恐懼有六種，完全沒有這些恐懼的人都是幸運兒。這六種基本恐懼包含：

恐懼貧窮
恐懼批評
恐懼病痛

（以上）多數人擁有的恐懼

恐懼失去愛
恐懼年老
恐懼死亡

所有恐懼都可歸類成這六種。

其實恐懼只是一種**心理狀態**，可以受到**控制**與**指引**。

我們所創造的東西都出自於意念。更重要的是，意念不論是自發或非自發的，都會立刻化為實質對等物。無論是碰巧得來的意念（他人釋出的意念），還是個人創造的意念，都可以決定個人在經濟、職業或社會等方面的命運。

每個人都有能力完全控制自己的心靈，藉著這股控制力，每個人都可敞開心胸，接收他人釋出的意念，但緊閉心門的人，只能自己創造意念。

只有一樣東西是**人類天生能控制的**，**那就是思想意念**。

而所有意念都會以實質對等物的方式來表現，所以恐懼和貧窮的意念無法化為勇氣和財富。

不須恐懼貧窮

貧窮和財富之間是沒有折衷的！通往貧窮和財富的兩條路完全背道而馳。你想要財富，就必須拒絕接受任何會造就貧窮的環境（此處的「財富」是指經濟、精神、心靈和物質的資產）。通往財富之道的起點是**欲望**。現在我要教你澈底做好實際應用欲望的心理準備。

給自己一個挑戰！這個挑戰將測定你有多了解抗拒貧窮的成功哲學。這可讓你成為先知，準確預知未來為你準備了什麼。假設讀了此章，你仍願意接受貧窮，那也是你的意願，無法避免。

假如你要財富，請快決定是何種財富，以及你需要多少。你已知道通往財富之徑，已得到一張路線圖，循著地圖走，便不會迷路。假如你遲遲不起步或中途停止，該怪的只有你自己。這是你的責任，假如你現在無法或拒絕要求人生的財富，就沒有藉口可以規避責任，因為接受財富你只需一樣東西（你唯一可控制的東西）——**心理狀態**。心理狀態是個人顯露出來的，無法用金錢購買，必須被創造。

恐懼貧窮最具破壞性

恐懼貧窮是一種心理狀態！足以毀掉個人在工作上的成功機會。這種恐懼會癱瘓理性、破壞想像力、扼殺自性、啃食熱忱、削弱進取心、導致目標不定、助長延宕、抹除熱心，使人無法自制。它使人失去吸引力，破壞思考能力，轉移工作的專注力；它會使意志力蕩然無存，進而毀掉抱負，混淆記憶，以各種可能的方式招來失敗；它扼殺愛情，使人不再優雅從容；它會阻撓友誼，引來各式各樣的災禍，導致失敗、悲慘與不幸。我們所居住的世界充斥著各種欲望，除非你缺乏明確目標，否則沒有任何東西會阻擋你。

恐懼貧窮無疑是六種基本恐懼中最具破壞性的，居於名單之首，**最難控**

制。對貧窮的恐懼來自人類天生會在經濟上競爭的本性。幾乎所有比人類低等的動物都受本能驅使，但牠們的「思考」能力有限，因此，牠們只會在身體上彼此競爭。但人類具備較優越的直覺，具有思考和推理能力，不會食用同類，而是藉由在經濟上「吞噬」同類來獲得滿足。人類如此貪婪，因此會通過各種法律來保護自己免受同類的威脅。

貧窮帶給了人類最大的痛苦和屈辱！唯有體驗過貧窮的人才能了解。難怪人會害怕貧窮。透過經驗可知，就金錢物質及世俗財產而言，有些人是不可信任的。

人類如此渴望獲得財富，因此會不擇手段地去獲得。

記住，在你一點一滴檢視自我時，你既是法官，也是陪審團；你是檢察官，也是辯護律師；你既是原告，也是被告。記住，你正在接受審判。要公正地面對事實，問明確的問題，並要求自己立即回答。檢視結束後，你將更了解自己。如果你覺得自己無法做一位公正的法官，請找一位深刻了解你的人，在你詰問自己時在一旁擔任法官。請你務必誠實地自我檢視，無論要付出什麼代價，即使會暫時令你窘迫，也要去做。

大部分的人被問到他們最怕什麼時都會回答：「我什麼都不怕。」這個回答並不正確，因為很少人了解，恐懼會使人在精神和肉體上都受到束縛、阻礙與打擊。

由於恐懼的情緒如此狡猾，以致個人可能一生都背負著它卻無所覺。唯有勇敢分析自我才能使這個敵人現形。在你開始分析時，請從你的性格深處去探尋。以下列舉你該探尋的徵兆。

找出恐懼貧窮的六大徵兆

①**漠不關心**。缺乏抱負、願意忍受貧窮、無異議地接受生命提供的報酬、心理和生理的怠惰、缺乏原動力、想像力、熱忱和自制力。

②**猶豫不決**。容許他人為自己思考，自己卻拿不定主意。

③**懷疑**。懷疑他人來為自己的失敗找託辭和藉口，有時會以嫉妒成功者或批評他們的方式來呈現。

④**焦慮**。指責他人、喜歡揮霍、忽略外表、蹙額皺眉，或是過度飲酒，有時還使用藥物。緊張、缺乏鎮定和自我意識。

⑤**過度謹慎**。習慣往負面想，不專注在成功方法，反而去思考、談論可能會有的失敗。熟知每一條通往災禍的途徑，卻不尋求避免失敗的計畫。總在等待「適當時機」，才要將構想和計畫付諸行動，直到等待成了習慣，就只記得失敗，而忘記了成功。

⑥**拖延**。將早就該做的事延至明天，將足以完成工作的時間浪費在編織託辭和藉口上。這項徵兆和過度謹慎、懷疑與焦慮有密切的關係，只要能避免，就拒絕承擔責任。寧可妥協，不願奮鬥。不克服困難，將困難當作是進步的墊腳石，反而向困難低頭。容易向生命索求蠅頭小利，而不是要求成功、機會、財富、滿足和幸福。這種人不肯破釜沈舟勇往直前，反而老是計畫著失敗時該怎麼做。愛拖拖拉拉的人缺乏或完全沒有自信、明確的目標、自制力、動機、熱忱、抱負、節約和健全的推理能力。不要求財富，反預期貧窮。和安於貧窮的人為友，而不企圖與富者為友。

經濟自由才能重振自信

有人問：「為何你要寫一本關於金錢的書？為何僅以金錢衡量幸福？」有些人認為（這是有道理的）這世上還有比金錢更值得的幸福形式。沒錯，的確是有非金錢能衡量的幸福，但也有數百萬的人會說：「給我所有我需要的錢，我便能找到任何我想要的東西。」

我寫這本書討論如何獲得金錢，主要是因為**數百萬人都恐懼貧窮**。韋斯特布魯克．佩格勒（Westbrook Pegler）清楚描述了這種恐懼對人的影響：

金錢只是寧靜的貝殼、金屬片和紙片，有一些心靈與靈魂的寶藏是金錢買不到的，但大部分破產的人，都無法保住心中的寶藏。當一個人落魄潦倒、流浪街頭，完全找不到工作，他的精神會起變化，這可由下垂的雙肩、帽子的形狀、步伐和眼神看出來。他處在有工作者之間，總會有自卑感，即使他知道這些人在性、智力或能力上，絕無法和自己相提並論。

相反地，有工作的人（甚至是他的朋友）則感到優越，視他（或許是無意地）為有創傷的人。他可借貸，但總不夠他維持往常的生活方式，而且總不能長久借貸。而且當一個人為求生存而借貸，借貸就是一種沮喪的經驗，無法振奮精神。當然，這些並不適用於遊手好閒或無用的人，只適用於有抱負和自尊心的人。

處於相同苦境的女士必定不一樣。想像落魄潦倒者，我們就是不會想到女士。她們鮮少站在等待救濟的隊伍中，很少見到她們在街上乞食，在人群中，她們也不像破產男士一般，有清楚的特徵可辨識。當然，我指的並不是那些在街道上蹣跚而行、長期遊手好閒的老婦人。我指的是那些相當年輕、高尚和聰明的女子。這種人一定也有許多人破產，但她們的失意不明顯。

當一個人落魄潦倒，他便有時間沉思。他可能為一分工作拔涉數哩，卻發現那個職缺已有人，或者那是沒有底薪的工作，只能靠銷售一些沒人會買（除非出於同情）、無用的小東西來賺取佣金。拒絕那個工作後，他發現自己又回到街上，無處可去，只能到處遊蕩。因此，他走來走去。他注視櫥窗內不屬於他的奢侈品，深感自卑，並讓位給有意購買而駐足瀏覽的人。他會遊蕩到火車站或圖書館歇歇腳、取暖，但那不是在找工作，所以他又離開。

他或許不知道，即使他的外表並未顯露，但他的漫無目標已洩露他的狀況。他或許穿著以前留下的好衣服，但這些好衣服也掩飾不了他的消沉。

他看著成千上萬名會計、店員、藥劑師或司機忙著工作，打從心底羨慕他們。他們有自主性、自尊，還有男子氣概，而他無法說服自己——自己是個好人。

使他變成這樣的，就是金錢。只要有一點錢，他就能夠回復自我。

不須恐懼批評

沒有人能清楚說明，這種恐懼是如何產生的，但有一點可以確定——我們以高度發展的形式擁有這種恐懼。

我把對批評的恐懼歸因於人類的天性，使人奪走他人的物品，而且習慣批評他人的性格，來證明自己的正當性。小偷會批評被他偷了東西的人；政客競選的方法不是表現自己的美德與能力，而是詆譭對手。

機靈的服飾業者會毫不遲疑地利用人對批評的恐懼（人類天生為其所苦），改變每一季衣服的款式。是誰設計這些款式？當然不是消費者，而是服飾業者。為何他要經常改變款式？答案相當明顯，他改變款式的目的在於賣掉更多的衣服。

基於同一個理由，汽車廠商也是每季換車款，沒有人不想開著最新型的汽車。

在生活瑣事上，人們在恐懼批評的影響下會表現出一些特殊態度。現在我們來檢視，當這種恐懼影響的是和人類有關的重大事件，他們會有怎樣的行為表現。拿任何一個心理成熟的人為例（平均年齡三十五至四十歲），假如你能讀出他心中不為人知的念頭，你將發現他根本不相信數十年前教條主義者所教導的神話。

為何一般人即使身在文明時代，仍然不承認自己不相信神話？答案是：「因為害怕批評。」以前有人因為表示自己不信鬼魂而被行火刑燒死。難怪我們承襲了恐懼批評的意識。在過去的時代，批評總帶來嚴酷的懲罰，在某些國家這種情形依舊。

恐懼批評會剝奪人的原動力、毀掉想像力、限制個性、奪走自信，以上百種方式來傷害人。若父母經常批評孩子，會對他們造成無可彌補的傷害。

我一位童年好友的母親幾乎每天鞭打他，她總說：「二十歲前，你一定會進感化院。」

人們容易過度批評。**每個人總有一大堆批評，無論有人要求與否，他們都會免費奉送批評。你最親近的親友經常就是最愛批評你的人。**家長若用不必要的批評使孩子產生自卑感，便是一種罪惡。了解人性的雇主會利用有建設性的建議，而非批評，來激發員工的最佳潛力。父母也可以這麼做。批評會在心中種植恐懼和憎恨，不會建立愛和關懷。

找出恐懼批評的七大徵兆

恐懼批評和恐懼貧窮一樣普遍，對於個人成就有相同的致命影響，主要是因為恐懼批評會摧毀原動力，阻撓想像力。此恐懼的主要徵兆包含：

①**自我意識**。人表現得緊張，怯於與人交談和會見陌生人，動作笨拙、眨眼睛。

②**缺乏鎮靜**。聲音失控，在他人面前緊張，身體姿勢不良，記憶不佳。

③**個性缺點**。缺乏決斷力、個人魅力以及明確表達意見的能力。無法公正面對問題，反而習慣規避。不深思他人意見即附和。

④**自卑**。習慣自我稱許，目的在於掩飾自卑感。使用「艱深字眼」裝腔作勢（但經常不了解那些字的意義）。在穿著、說話和態度上模仿他人。誇耀虛構的成就，造成優越的表象。

⑤**奢侈**。試圖過有錢人的生活而透支。

⑥**缺乏進取心**。無法掌握機會、自我精進，害怕表達意見，對自己的構想缺乏信心，面對上司提出的問題閃爍其詞，言談和態度猶豫不決，言行諸多欺騙。

⑦**缺乏抱負**。身心怠惰，缺乏主見，猶豫不決，易受影響。人後批評，人前奉迎，習慣無異議地接受失敗，或因他人的提議中止工作。無理由地懷疑他人，行事言談不圓融，犯錯不願接受責備。

不須恐懼病痛

此項恐懼可追溯自身體和社會的遺傳特性。恐懼病痛和恐懼年老與死亡的關係密切，它會帶領人接近「恐怖世界」的邊界，我們對這個世界一無所知，有關它的認識都是一些不愉快的故事。同時，有某些不道德的人藉著提醒人們對病痛的恐懼，從事「販賣健康」的生意。

主要說來，恐懼病痛是因為恐懼死亡。另外，病痛可能要花的費用，也是令人恐懼的原因。

一位頗具聲譽的內科醫生估計，在所有看病接受醫師專業服務的人當中，有百分之七十五的人患有憂鬱症。由此可知，對於病痛的恐懼（即使毫無緣由），經常會造成身體病癥。

人類的心靈真是強而有力！不是建設，就是毀滅。

利用普遍恐懼病痛的弱點，專利藥品的藥劑師賺了不少錢。數十年前，由於這種利用人性的欺騙行為極為普遍，以致《柯里爾》（*Colliers*）雜誌舉辦一項活動，強列抗議違規的專利藥品業者。

有一連串實驗證實，藉由暗示可以使人生病。我們進行此實驗的方式，是請三位熟人去拜訪「受害者」，問他們：「你哪裡不舒服？你看起來病得很嚴重喔。」受害者對第一個發問者通常會笑一笑，不在乎地說：「喔，沒事，我很好。」他回答第二個發問者時則會說：「我也不太清楚，但我真的覺得很不舒服。」等到回答第三位發問者時，他通常會坦承自己確實病了。

假如你不相信，可找個熟人試驗，但別試太久。有一個教派成員會以「蠱惑」的方式來報復敵人，他們稱為在受害者身上「下咒」。

疾病有時來自負面意念。這意念可以藉著暗示，由一個人傳給另外一個人，或者由個人的內心長出來。

有人曾說：「當任何人問我，我怎麼了，我總想給他一拳！」此人顯然天生有智慧。

醫生會要病人為了健康改變環境，因為「心態」的改變是必要的。**恐懼病痛的種子存於每個人心中。無論焦慮、沮喪、失意，都會使這顆種子萌芽、成長。**

事業與情場的失意最易使人恐懼病痛。有一個年輕人因情場失意而被送進醫院，他在生死之間徘徊數月，後來請了一位心理專家來治療。這位專家換掉原來的護士，請一位非常迷人的年輕女子照顧他。這女子從接此工作的第一天，便開始向這位病人求愛。不到三個月，病人出院了，雖仍痛苦，卻是全然不同的病，他又戀愛了。這個治療雖是個騙局，但後來病人和護士真的結婚了。

找出恐懼病痛的七大徵兆

這幾乎是全球性的恐懼，徵兆有：

①**負面的自我暗示**。有人習慣負面地利用自我暗示，尋找並預期各種疾病的病癥。「喜歡」把想像的疾病當成真的。習慣嘗試他人推薦、具有醫療價值的「風潮」和「學說」。愛談論手術、意外以及其他的疾病形式。在沒有專業的指導下，試驗各種節食、體能運動和減重計畫。嘗試自製的藥、專利藥品和「庸醫」的藥。

②**憂鬱症**。有人習慣談論疾病、注意疾病、預期生病，終至精神崩潰。有形的藥治不了這種情況。它是由負面思想產生的，只有積極的念頭才能產生療效。憂鬱症有時和個人所想像的疾病一樣，會對個人造成極大的傷害。

③**怠惰**。恐懼病痛經會常使人避免進行戶外活動，阻礙適當的體能運動，導致體重過重。

④**易感性**。恐懼疾病會破壞身體的抵抗力，為疾病創造合適的環境。恐懼疾病通常和恐懼貧窮有關，因為會不斷擔憂可能要付的醫療費用等。這種人會花很多時間準備生病、談論疾病、存錢買墓地和付喪葬費等。

⑤**自憐**。習慣用想像的疾病引人同情（人們經常藉此逃避工作）。習慣裝病掩飾懶惰，或當作缺乏抱負的託辭。習慣閱讀有關疾病文章，擔心自己會感染疾病。習慣閱讀專利藥品的廣告。

⑥**放縱**。習慣使用酒或毒品消除頭痛、神經痛等，但不尋找病因、不根治。

⑦**焦慮**。習慣閱讀有關疾病的文章，擔心自己可能感染疾病。習慣閱讀專利藥品的廣告。

不須恐懼失去愛情

這項與生俱來的恐懼根源，顯然出自於男人有竊取他人配偶的習性，以及隨時想輕薄女人的習性。

嫉妒和其他類似的精神疾病皆來自人類天生對失去愛的恐懼。**這種恐懼是六種恐懼中最痛苦的**。它可能比其他的基本恐懼更能大肆破壞身心。

恐懼失去愛情或許要回溯到石器時代，那時候的男人要靠蠻力竊取女人。至今他們還是繼續在竊取女人，只是技巧改變了。現在他們不用暴力，改用勸誘方式，許之以華服、名車和其他比體能更有效的「誘餌」。男人的習性不變，只是表達方式改變了。

但分析顯示，**女人比男人更易感受這恐懼**。這很容易解釋。女人由經驗得知，男人天生屬於一夫多妻，因此他們若受另一位女人照顧，專一的愛情就不可靠。

恐懼失去愛情的三大徵兆

這種恐懼明顯的徵兆有：

①**嫉妒**。習慣毫無來由地懷疑朋友和自己所愛的人，常常沒道理地指責另一半不忠。對人懷有疑心，不信任人。

②**挑剔**。習慣因小問題，或根本沒理由地挑剔朋友、親戚及事業夥伴。

③**賭博**。習慣以賭博、偷竊、欺騙或冒險方式，供應金錢給所愛之人，認為愛可以用買的。慣於透支或借貸來買禮物送給愛人，目的在於博得好印象。這種人會失眠、缺乏毅力、意志軟弱、缺乏自制力、壞脾氣。

不須恐懼年老

這種恐懼主要出於兩個原因：第一，認為老年將帶來貧窮；第二，是因為「地獄」等透過恐懼來控制眾人的說法。

人們對老年的基本恐懼，有兩個非常傳統的理由：一個是人對同類的不信任，因同類可能攫取人所擁有的財產，另一理由則是對死後世界懷有恐怖的印象。

老了大多會有病痛，這也是使人恐懼年老的原因。情慾亦是恐懼老年的原因，因為沒有人喜歡性吸引力衰減。

恐懼年老最普遍的原因和貧窮的可能性有關。「救濟院」可不是個美好的字眼，任何人只要想到自己要在救濟院度餘生，心裡不免涼了半截。

另一個害怕年老的原因，是失去自由和獨立的可能性，因為伴隨年老而來的，可能是喪失身體和經濟的自由。

找出恐懼年老的四大徵兆

這種恐懼最常見的徵兆是：

① **早衰**。約四十歲（心智成熟的年紀）便開始變得動作遲緩，產生自卑

感，錯誤地認為自我正因年齡而消逝。

②**因年齡而致歉**。只因自己四、五十歲，便習慣歉然地提到自己老了。其實，一個人應該因到達這個充滿智慧的年齡而心存感激。

③**扼殺進取心**。因錯誤地認為自己太老，無法運用這些特質，而扼殺進取心、想像力和自信。

④**故作年輕**。習慣追求年輕人的服飾與癖好，卻經常招來嘲弄。

不須恐懼死亡

對某些人來說，這是**最殘酷的恐懼**。恐懼死亡的理由很明確。大部分和死亡有關的恐懼，或許都能歸咎於宗教狂熱。「異教徒」總比「文明人」不怕死。數億年來，人類一直在問：「我來自何處？我前往何方？」但這個問題至今仍無解。

在過去的黑暗時代，個性較機敏狡猾的人，總能把握機會回答此問題，收取酬勞。

有一宗派領袖大聲疾呼：「加入我，擁抱我的信仰，接受我的教義，我將給你死後直達天堂的通行證。」又說：「不加入我者，將被惡魔帶走，永世受焚燒。」

永恆懲罰的念頭會毀滅生之樂趣，讓人快樂不起來。然而宗教領袖既不可能提供進天堂的安全指引，也沒有能力使不幸者墜入地獄。墮入地獄的念頭實在可怕，因此人只要一想到，便會產生極真實的影像，癱瘓理性，冒出對死亡的恐懼。

然而現代人對死亡的恐懼已不那麼普遍。科學家已將注意力轉向這個世界。上過大學的年輕男女不再輕易為地獄所動，透過生物學、天文學、地質學和其他相關科學，黑暗時代攫獲人心的恐懼已不存在。

組成整個世界的是能量和物質。基礎物理顯示，物質和能量是不滅的。如果生命是一種東西，則它必是能量。如果能量和物質是滅的，生命也會如此。生命一如其他的能量形式，可經由不同的轉換或變化過程傳遞下去，但無法毀滅。死亡只是**轉化**。

如果死亡不只是改變或轉換，那麼繼死亡而來的，只有漫長、永恆、寧靜的睡眠，而我們無需害怕睡眠。這麼一來，你便可以永遠地消除對死亡的恐懼。

找出恐懼死亡的三大徵兆

①**想到死亡**：這種恐懼常見於年紀大的人，但年輕人也因經常想到死亡而不好好把握生命。這種情形多是因為缺乏目標，或找不到適當的工作。

醫治死亡恐懼的最佳良藥就是追求成就的熾烈欲望，支持此欲望的是工作。忙碌的人無暇想到死亡。

②**和恐懼貧窮聯結**：人可能會恐懼貧窮發生，或恐懼死亡為所愛之人帶來貧窮。

③**和病痛或身心不平衡聯結**：身體病痛可能導致精神抑鬱。情場失意、宗教狂熱、嚴重精神官能症或衛生不良等是恐懼死亡的其他原因。

消除老年憂慮

憂慮是基於恐懼的心理狀態，作用緩慢而持久。它陰險狡猾，會一步步「滲透」直到癱瘓理性，毀掉自信和進取心。憂慮是猶豫不決引起的持續性恐懼，是一種可以控制的心理狀態。

不安定的心是無助的，就是猶豫不決造成不安定的心。大部分的人都缺乏**迅速**下定決心的意志力，以及堅持的力量。

一旦我們下定決心採取明確的行動，我們便不會為面臨的情況感到憂慮。有一次，我會晤一位兩小時後即將受電刑的人。這個人是所有關於死牢的八個人中最平靜的。他的平靜使我請教他，知道自己將步入死亡是什麼感覺？他帶著一抹自信的微笑告訴我：「感覺好極了。我的困擾很快就要結束。取得生活所需的食物和衣物是件苦差事。很快地，我將不需要這些東西。自從我知道自己必死無疑，我就感覺如釋重負。那時我下定決心，要以好心情來接受它。」

說話的同時，他吃完了三人分的晚餐，而且盡情享受，好似沒有災難在等著他。決心令人辭別命運！**決心**也可以阻止人接受不利的環境。

六種基本的**恐懼**會透過**猶豫不決**轉化為**憂慮**。藉著接受死亡是不可避免的，你能使自己下定決心免於死亡的恐懼；藉著下定決心要無慮地靠所得財富生活，你將能去除對貧窮的恐懼；藉著下定決心不擔憂他人的想法、做法或說法，你可以戰勝對批評的恐懼；藉著下定決心不視年老為障礙，而視為會帶來智慧、自制與領悟的恩典，你可以消除對老年的恐懼；藉著下定決心忘記病痛，你可以免除對病痛的恐懼；藉著下定決心在必要的情況下過沒有愛的生活，你可以控制失去愛情的恐懼。

澈底痛下決心，你便能體會，生命中沒有一樣東西值得你憂慮，有這種決心，你便能變得穩重、使心靈平靜、帶來幸福的祥和思想。

心中充滿恐懼的人不只會毀了自己的理性，還會影響他人。

有趣的是，主人缺乏勇氣，寵物都能感應到。此外，寵物也會感染主人的恐懼，表現同樣情緒。

破壞性思考有害無益

恐懼會迅速而確實地從一個人的心傳至另一人的心。用話語表現負面或破壞性思想的人，那些話必會以破壞性的方式「反彈」。沒有說出口的破壞性意念，也會以多樣的方式「反彈」。最重要的是，那些釋出破壞性意念的人，一定會因創造性想像力的破壞而受到損失。而且，破壞性情緒會產生憎恨，將他人轉變為敵手。這些負面意念不只對他人有害，也會蘊釀於擁有者的潛意識，成為人格的一部分。

假設你生命的目標是要獲得成功，你就必須找到心靈的平靜，獲得生命的物質需要，以及得到幸福快樂。這些都始於意念。

你可以控制自己的心靈，你能注入你所選擇的意念，因此你必須使心靈具有有建設性。因為你一定能控制自己的意念，也一定能掌控自己的命運。你可以影響、指引，控制環境，創造自己想要的人生。或者你可以讓他人決定你的人生，隨波逐流，居無定所。

對負面影響的敏感度

除了六種基本恐懼，還有一項使人受苦的災禍，會成為使失敗的種子迅速成長的肥沃土壤，而且它極為狡猾，你經常察覺不到它。這種痛苦無法適當地歸類為某種恐懼，它比六種基本恐懼更深藏、更致命。因為我想不出更好的名稱，姑且稱此災禍為**「對負面影響的敏感度」**。

巨富者總是保護自己遠離這個災禍，而貧窮者則無法做到這點。成功人士必須使自己的心靈準備抗拒這種災禍。假如你是為了致富而讀本書，你應該仔細檢視自我，衡量自己是否易於感染負面影響。如果你忽略自我分析，你將喪失達成目標的權利。

要澈底分析，請先讀完為自我分析的問題，再仔細考慮自己的答案。分析要非常謹慎，好像在找出你已知悉、埋伏暗處、伺機而動的敵人（像在對付真實敵人）。

你可以輕易保衛自己，免受公路強盜的襲擊，因為法律提供有組織的合作，保障你的權利。但這「第七項災禍」非常難控制，因為它總在你不知不覺中襲擊你，包括你熟睡和清醒的時候。此外，它的「武器」也很難捉摸，因為它純粹是一種心理狀態。這項災禍是危險的，因為它會以不同的方式侵襲人類有時它會透過親友好意的話進入你心，有時會變成個人的心理。雖然不會快速令人死亡，但像毒藥一樣致命！

如何成功對抗負面影響？

要對抗負面影響（無論是自己造成的，還是被身邊擁有負面情緒者所影響），你要知道自己擁有意志力，且經常使用，直到它在你心中築起一道對抗負面影響的**免疫圍牆**。

你和其他人一樣，天性懶惰、漠不關心，易於接受自己的弱點。你必須承認自己擁有恐懼，然後下決心對抗。

這些負面影響會透過潛意識起作用，因此你很難察覺，你要糾正潛意識，對抗所有打擊你的人。

清除藥箱，丟掉藥罐，停止去迎合感冒、疼痛、不適合想像的疾病。

刻意尋求能影響你、為你著想的同伴。

別被麻煩、困難嚇倒，它們會讓你甘於平凡。

無疑地，人類最普遍的弱點是接受他人負面影響的習慣。這弱點非常危險，因為大部分的人不知道自己受其所害，而知道的人會忽略、拒絕正視這災禍，造成它成為日常生活中不可控制的一部分。

以下這分問題清單可以幫助希望看到真正自我的人。請閱讀這些問題，大聲說出你的答案，如此你才能聽到自己的聲音，讓你更加信任自己。

自我分析問題測試

1 你經常抱怨「不舒服」嗎？原因何在？

2 你會為極瑣碎的事指責別人嗎？

3 你經常在工作上出錯嗎？為什麼？
4 你的言談充滿諷刺和防衛嗎？
5 你是否刻意避免與人交朋友？為什麼？
6 你經常受消化不良之苦嗎？是何原因？
7 你是否認為生命無益、未來無望？
8 你喜歡自己的工作嗎？為什麼？
9 你經常自憐嗎？為什麼？
10 你嫉妒比你優越的人嗎？
11 你花較多時間在思考成功還是失敗？
12 年齡越大，你是越有自信，還是喪失自信？
13 你曾由錯誤學習到珍貴的教訓嗎？
14 某位親戚或熟人正令你擔憂嗎？為什麼？
15 你是否會「心不在焉」，陷入失意深淵？
16 誰對你最具影響力？為什麼？
17 你是否受負面情緒影響？
18 你是否不在意個人外表？何時？為什麼？
19 你曾以忙碌為藉口，拒絕接受挑戰嗎？

20 你覺得自己是「沒骨氣的弱者」嗎？
21 你是否忽略精神的滌淨工作，變得暴躁易怒？
22 有多少可預防的干擾令你苦惱？你為何要容忍它們？
23 你為了「安定神經」而耽溺於過量的烈酒、毒品或香煙嗎？為何不嘗試以意志力來取代呢？
24 有人對你「責罵不休」嗎？為何？
25 你有明確的人生目標嗎？是什麼？你有什麼計畫可達成目標？
26 你遭受六種恐懼之苦嗎？是哪些恐懼？
27 你有任何可以抵擋他人負面影響的方法嗎？
28 你刻意用自我暗示來打造正面心態嗎？
29 你最珍惜哪一個？物質財產，或控制意念的權利？
30 你是否易受他人影響而違背自己的判斷？
31 今天你有增加任何知識寶藏或正面心態嗎？
32 你會面對使你不快樂，或規避責任的環境嗎？
33 你會分析所有的錯誤和失敗以從中獲利，或認為這不是自己的責任？
34 你能說出三樣最具傷害性的弱點嗎？你要怎麼改正？
35 你是否因同情而助長他人將憂慮帶給你？

36 你是否汲取生活中對精進個人有幫助的教訓或影響？
37 你的表現通常對他人產生負面影響嗎？
38 他人何種習慣最令你苦惱？
39 你有主見，還是會讓他人影響你？
40 你是否學會打造一種用來抵擋所有負面影響的心態？
41 你的工作能激發你的信心和希望嗎？
42 是否意識到自己有足夠的精神力量，可使心靈免於各種形式的恐懼？
43 你的宗教信仰能助你常保正面心態嗎？
44 你認為分擔他人憂慮是你的責任嗎？為什麼？
45 所謂「物以類聚」，透過你的朋友，你對自己有何了解？
46 觀察與你交往最密切的人，能看出什麼關係？會造成任何不愉快的經驗嗎？
47 你視為朋友的人，有沒有可能是你最大的敵人，因為他對你的心靈有負面的影響？
48 你以何原則判斷誰對你有益，誰對你有害？
49 一天二十四小時中，你花多少時間做下列事項？
①工作

②睡眠

③玩樂與休閒

④獲取有用知識

⑤無所事事

50 你的朋友扮演什麼角色？

①誰最能激勵你？

②誰最能提醒你？

③誰最會挫敗你？

51 你最憂慮的是什麼？為何要容忍？

52 當別人提供你免費、不請自來的建議，你會毫無疑問地接受，還是分析他的動機？

53 你最渴望的是什麼？你打算獲得它嗎？你願意為它而壓抑其他欲望嗎？你每天為了獲得它而奉獻多少時間呢？

54 你經常改變主意嗎？為什麼？

55 你做事都能有始有終嗎？

56 你是否容易對他人的事業、頭銜、學位和財富印象深刻？

57 你容易受他人想法或說法所影響嗎？

58 你會因人們的社會或經濟地位而迎合他們嗎？
59 你認為誰是當今最偉大的人？這個人在哪方面比你優越？
60 你花了多少時間研究並回答這些問題（分析和回答全部的問題至少需要一天）？

假如你已誠實回答所有問題，你即比大多數的人了解自我。仔細研究這些問題，**每週回顧一次**，行之數月，你會發現誠實回答這些問題的簡單方法，便可深度了解自己。假如某些問題你不太確定，可請教很了解你、不會奉承你的人，透過他們來了解自己。

你絕對能掌控意念

你能絕對掌控的是**你的意念**。這是最具意義、最激勵人的事實。這神聖的特權是你唯一能控制命運的方法。你若無法控制自己的心靈，就一定無法控制其他事物。假如你一定要輕率處理自己的資產，我希望那只限於物質，因為你的心靈是你精神的資產！請仔細維護、利用這上天賜予你的資產。為達此目的，上天還賦予了你意志力。

很不幸地，我們沒有法律可對抗那些以負面暗示來毒害他人心靈的人（無論是故意或無心的）。這種破壞行為其實應該受到法律嚴懲，因為它會毀掉個人獲得財富的機會，而那些財富是受法律保障的。

曾有負面的人企圖使愛迪生相信他發明不出收音機，他們說：「因為沒有人製造過類似的機器。」愛迪生不相信他們，他知道「心靈可以創造任何它想得出來、它相信的東西」。愛迪生的自我認知，讓他的發明出類拔萃。

曾有負面的人告訴伍爾華斯（F. W. Woolworth），如果他想要經營一家廉價拍賣的商店，他一定會破產。但他知道，以信心支撐自己的計畫，他便可做任何合理明智的事。他運用自己的權利，**摒棄他人的負面暗示**，賺進超過一億元的財富。

汽車大王福特在底特律街上試驗他初次製造的車子模型時，心存懷疑的人曾嘲笑他。有人說：「這種東西絕不實用。」有些人說：「沒人會花錢買這種東西。」而福特說：「我將使實用的汽車行於全世界。」最後他做到了！請記住，福特和大多數人唯一的不同是，福特有心，而且控制了這顆心。其他人也有心，但他們卻不曾去控制心。

心靈控制即是**自律**和**習慣**。不是你控制自己的心靈，便是它控制你。**控**

制心靈最實際的辦法是，讓它為一個有明確計畫支撐的目標而忙碌。多數成功人都擅於控制自己的心靈，他還應用那控制力，引導它達成明確目標。沒有這股控制力，成功人士不可能成功。

五十四個常用託辭

不會成功的人有一個顯著的共通特性，即他們知道所有失敗的原因，卻以自以為無懈可擊的託辭來解釋自己的失敗。

託辭不一定錯誤，但託辭不能當作金錢，**這世界只想知道一件事——你成功了嗎？**

一位人格分析家曾編列一分最常為人所使用的託辭清單。請用它檢視自己，找出你擁有多少項。記住，本書的成功哲學將使每一項託辭作廢！

1 假如我沒有家累……

2假如我有足夠的「勢力」……
3假如我有錢……
4假如我受過良好教育……
5假如我找得到工作……
6假如我身體健康……
7假如我有時間……
8假如能生對時機……
9假如家人了解我……
10假如環境不同……
11假如能重活一遍……
12假如我不在乎「他們」說的話……
13假如以前的我有機會……
14假如我現在有機會……
15假如他人沒有「憎恨我」……
16假如沒有任何事阻礙我……
17假如我可以做自己想做的事……
18假如我生來富有……

19 假如我能碰到「貴人」……
20 假如我具有別人的才能……
21 假如我敢維護自己的權利……
22 假如我曾把握機會……
23 假如沒有人刺激我……
24 假如我不用料理家務、照顧孩子……
25 假如我可以存點錢……
26 假如老闆賞識我……
27 假如有人能幫助我……
28 假如我的家人了解我……
29 假如我住在大都市……
30 假如我能早一步……
31 假如我有空……
32 假如我有他人的個性……
33 假如我不這麼胖……
34 假如人家知道我的才能……
35 假如我有「機會」……

53假如他人肯聽我說……

假如我有勇氣面對自我，我將能找出自己的毛病，並改正那些毛病。因此我便能因錯誤而獲利，從他人的經驗學到教訓。假如我曾經多花時間分析自己的弱點，少花時間建立託辭來掩飾弱點，我早已到達該有的境界。

建立**託辭**，為失敗辯護，是人的通病。這習慣歷史悠久，而且是**最大的致命傷**！為何人們還要依附著他們自鳴得意的託辭呢？答案很明顯，他們護衛託辭，是因為這些託辭是他們自己創造的！

建立託辭是根深柢固的壞習慣。而習慣很難戒除，尤其當它們可為我們的行為提供辯護。「最大、最好的勝利是戰勝自己。被自我征服則是最可恥與最惡劣的。」說這句話的柏拉圖深深了解此真理。

另一位哲學家也有同樣的想法，他說：「當我發現，我在別人身上看到的**大部分醜惡**，竟只是我的**本性反射**，我著實大吃一驚。」

艾伯特．哈柏德（Elbert Hubbard）說：「我百思不得其解……為何人們要花這麼多時間創造託辭來掩飾弱點、愚弄自己？假如用在不同的地方，同樣的時間都已足夠削除弱點，如此便不需要託辭了。」

本書結束前，我要提醒你：「**生命像個棋盤，你的對手是時間。假如你**

舉棋不定、無法迅速行動，你的棋子將被時間清除，因為和你下棋的夥伴無法容忍猶豫不決。」

先前你可能有合理藉口容忍自己不爭取你的欲望，但現在那個託辭已過時，因為你掌握了萬能之鑰，它將開啟通往財富的大門。

萬能之鑰沒有實體，但力量強大！它會在你心中創造強烈欲望。使用這支鑰匙不會受罰，不使用它則須付出代價——失敗。假如你使用此鑰，投資報酬率會很驚人。你將征服自我，得到無比的滿足感。這報酬值得你努力。你願意開始行動並相信它嗎？

愛默生曾說：「假如我們有緣，我們就會相遇。」最後，讓我借用他的話：「假如我們有緣，透過這本書，我們已經相遇。」

第十六章　思考致富

實踐篇

歡迎蒞臨拿破崙・希爾的新世界！〈思考致富實踐篇〉教你正確閱讀本書，一舉致富！

首先，你必須閱讀《思考致富聖經愛藏版》，你將能了解為什麼此書可以拯救受到經濟大蕭條重創的美國社會，並成為全世界推崇的經典。本書內容睿智、大膽，深具啟發意義，使美國聯合保險公司的總裁，克萊門・史東（W. Clement Stone）都不禁讚嘆：「在所有當代作家的著作中，《思考致富聖經愛藏版》是激勵最多人、引導最多人獲得成功的關鍵書！」

當你讀完本書，請根據這裡的〈思考致富實踐篇〉，用嶄新的方式完整回顧，這能幫助你重新檢視自己，挖掘更多財富。

請用心閱讀本書，以自己的方式去吸收、詮釋本書中的成功法則，讓它轉化成你的個人哲學，並實際運用於你的人生。只要你相信自己，《思考致富聖經愛藏版》便能引領你邁向成功。因此，現在就翻開〈思考致富實踐篇〉吧！拿出實際的行動，讓本書的成功法則整合你的夢想、命運與抱負，發揮驚人的力量！

迎接勝利

成功源自追求的動機。

無論是什麼樣的經典書籍、聖賢名言都無法讓你成功，除非你極度渴望成功、用心思考如何成功。

盡信書不如無書，你必須閱讀本書、提出質疑、主動思考並行動，請善用你的判斷力，思考這些法則該如何運用在你的狀況上。當你聽聞他人成功致富的故事，請分析他成功的原因、汲取他的經驗、內化為自己的力量，並清楚想像、描繪你成功的模樣。

你應該重新詮釋本書中所說這套普世的成功法則，為自己量身訂做追求成功的計畫書。你的目標要清楚、具體，思考該如何達到這個特定目標，並訂定實踐步驟。

此外，別讓「理性」綁架你。凡事不能只靠理性來決定，你必須時時記住你的目標是什麼，在這個大前提之下，靈活運用你的感覺、情緒、直覺與習慣等「非理性」力量，啟動自己的所有感官，來引導、控制自己，發揮強大的執行力。

本書中說：「財富始於一種心境。」你準備好迎接勝利了嗎？做好心理建設，擁有正確態度與觀念，讓我們現在就朝幸福的方向邁進吧！

首先，準備一枝筆與一疊10×14公分的資料卡，每天安排一段獨處的時間，安靜地研讀《思考致富聖經愛藏版》。每週進行四至五天，而且每日閱讀的時間都要固定，不要有時在早上閱讀，有時在晚上閱讀。如此一來，你便可以讓自己清楚意識到，你正在為成功付出努力，家人也能了解你正在追求自己與全家人的幸福。

每天請你在翻開《思考致富聖經愛藏版》之前，先在腦海回想前一天讀過的重點，重新檢視，確定是否融會貫通。不要只是埋頭苦讀，不顧一切地往前衝，你應該時時自我檢討，朝著正確的方向邁進。

一如克萊門．史東所說：「讓自己產生強烈渴望、想要達成目標，將幫助你獲得財富，找到生命的價值。」如此一來，你便能確實、迅速地將渴望與夢想轉化為現實，致富不再是白日夢。

心靈導覽圖

讓我們來為自己製作邁向成功的心靈導覽圖吧！在邁向成功的旅途中，它能協助你時時確定自己的位置、認清方向，指引你走上正確的道路。

請拿起筆，翻開《思考致富聖經愛藏版》的目錄，將感動你的字詞或句子劃線，用這些重點在腦中建構一張心靈導覽圖，進行自我分析，掌握自己的狀況，並時時提醒自己要進步。因為每個人的狀況與個性不一，所以每個人劃線的重點都不同，製作專屬於自己的心靈導覽圖，實際運用於你的人生吧。

一般人會認為，在書裡做記號是不好的，但這不是一般的書，你越是認真地做筆記，在本書留下越多的註解、記號，這本書的力量就越強！

掌握大綱

瀏覽本書，你將了解《思考致富聖經愛藏版》是多麼值得讀的書。你已知道，這一套成功法則奠基於你的意志，只要你準備好，潛藏於本書的致富祕訣便會具體浮現。

本書中所提出的十三個原則環環相扣，正如人生，所有的行動與決定皆會造成全面性的影響。而《思考致富聖經愛藏版》就是會影響你一生的關鍵，必能引導你邁向成功。相較於你即將獲得的成就，閱讀本書所花費的時間與精力，實在少得可以，投資報酬率極高。請相信自己，相信本書，勇敢展開追求成功的旅途。

正式展開閱讀

請搭配〈思考致富實踐篇〉，閱讀《思考致富聖經愛藏版》的正文。〈思考致富實踐篇〉整理了《思考致富聖經愛藏版》各章節重點，能夠採取實際行動。〈思考致富實踐篇〉將逐一引導讀者邁向目標，實現夢想。

記得劃重點

閱讀《思考致富聖經愛藏版》，你必須時時劃重點。將對你特別有意義的句子全部劃起來，反覆思考這些重點，再三提醒、指引自己。

很多人不只會劃重點，還會在空白處做筆記，貼上便條紙備註，將自己的觀點、驗證，以及任何有幫助的資料都補充進來。

如此一來，你才能真正藉由本書獲利。請務必全心投入，讓自己有充裕的時間閱讀、思考。

閱讀第一章：意念成就事實

請逐字閱讀第一章，當然，要記得劃重點、寫註解，將你的想法與補充資料全部加進去，與文字互動，融會貫通。

在這階段，你當然要標示出所有觸動你內心的字句。

如此一來，你便能掌握「意念成就事實」的宗旨，了解必須先有意念，才能產生實際、積極的行動。這一章向你展示成功的意念、失敗的意念，以及意念的強大力量。愛德文．巴恩斯的堅定意念，讓他即使其貌不揚、身無分文，也能得到愛迪生的青睞；達比不夠堅定的意念，讓他與財富擦身而過，得不償失；而黑人小女孩的意念，則讓她克服劣勢，征服一位高大的白人男子。藉由這些故事，你可以深刻體會「專注、堅持單一目標」的意義。

讀完第一章，請試著用一百字簡要地列出本章重點，寫在資料卡上。你不用揣測作者的想法，只須寫出你認定的重點。記得，字跡要整齊，標題請寫：「我的精確要點」。

劃重點、加註解、做筆記、寫精確要點，這些都沒有正確答案，你要做的是參考不同的看法，因此如果可能，最好與朋友一起做練習，互相參考筆記，認識別人的觀點，找出不同之處，這樣讀起來比較有趣，還能讓你拓展視野。

完成「我的精確要點」，你才能閱讀本書的精確要點！請注意你列的精確要點，與本書的要點有何不同，若你並不認同本書的要點，請思考差異，但是不必覺得一定是自己的見解有誤！

比較完畢後請再讀一次本書的精確要點，並思考你曾經遇過哪些狀況可以適用於這些要點。舉例來說，你可以回想自己是否曾經因為無法堅持下去而錯失致富良機，下次遇到類似情況，你可以如何改進，並在資料卡上明確寫下改進的方法。除了回想失敗的經驗，你也可以想想成功的經驗，問自己是否曾經做到精確要點的要求（即使當時你尚未讀過《思考致富聖經愛藏版》）。例如，你可以回想自己是否曾經像亨利·福特一樣，將信心與毅力傳遞給他人。

請挖掘自己的記憶，找出你有哪些經驗，符合這些精確要點的觀點。如此一來，你就會產生自信，發現自己曾付出努力、得到相對的報酬，因而建立自己的「成功法則」。屆時你會發現，你其實也擁有成功的潛力，你不只曾使自己成功，甚至還影響他人。你原本就擁有成功的力量，而你正要重新展現這種能力！

最後，請回想本書的觀點：當你開始思考致富，你將發現，財富始於一種心境——障礙已被排除，篤定自己正邁向財富。

致富第一步驟：欲望

請接著閱讀第二章，一邊劃重點，一邊做筆記。

這一章講述愛德文．巴恩斯孤注一擲，在完全沒有退路的情形下，勇往直前的故事。本章揭示將欲望點石成金的六大步驟。這一章舉出許多例子，告訴你一個不爭的事實：成功人士善於將欲望化為夢想，不畏劣勢的起點，勇往直前，使夢想成真！

此外，這一章還收錄一首珍貴的詩：

我向生命再次講價，
生命卻已不再加酬，
夜裡無論如何乞求，
當我計數薄財依舊。
生命乃一公正雇主，
任何所求他願給付，
然而一旦酬勞講定，
汝之勞役汝需擔負。
向來辛勞只為薄薪，
悚然恍悟，早知如果
要求生命定出高價，
生命原來皆願允諾。

請反覆閱讀這首十二行詩，深思寓意，將使你受益無窮。

現在，請做「將欲望點石成金的六大步驟」填空題，在空格中填入字詞，不可以翻到前面找答案！

一、	在心中定出所渴望之____。
二、	想清楚你決定____，以得到你所渴望的____。
三、	設定你達成擁有這筆金錢的明確____。
四、	擬定達成所渴望之目標所需的明確____，並立即付諸____。
五、	拿出紙筆寫下一分清楚精確的____，上面記載想獲得的____、獲得的____、追求____所須付出的____以及達成目標所要用的____。
六、	____大聲朗讀此聲明____，一次在睡前，一次在清晨起床後，朗讀時，試著讓自己____，並相信自己已擁有這筆____。

請務必實行第六點，它將全面影響你，帶領你獲得成就！

接著，請抓出你自己的重點，用自己的話，在資料卡上寫出自己的精確要點。

寫完精確要點，再重讀本書中的精確要點，對照兩者，看你遺漏什麼？是否認同本書中的所有觀點等等。

接著，回想自己的人生，尋找精確要點的影子，看看自己已做到哪些，或應該怎麼改進。這樣能夠幫助你強化認知、挖掘記憶，發現其實自己擁有成功的潛能，產生自信與正面的態度。

最後，用心體會本章所收錄的詩。在你一生中，必定有些片刻想為生命「定出高價」，讓自己猶如備受重用的功臣，得到豐厚的酬勞。請回溯記憶，找出這些片刻，你將發現自己值得擁有更高的待遇，過得更幸福。如此一來，你將產生自信，充滿動力。

請注意，除非你堅信自己正走在致富的道路上，不然你永遠無法致富。你必須「相信」自己會致富，而不只是「希望、祈求」自己能夠致富。

致富第二步驟：信心

現在，請以自己的速度閱讀第三章。

自信心是非常了不起的催化劑，它會讓你的欲望產生驚人的精神力量，幫助你達到目標。每個人都有自信，我們要做的只是去發掘它。第三章教導你如何對潛意識下達指示，產生自信，並轉化為欲望，實現你的財富。

要將致富的欲望轉化為實質財富，將幸福的渴望轉化為真實的快樂人生，你不能存有僥倖心態。別相信運氣，所謂的好運都是努力的回報，噩運則是負面思想的後果。一切都源自潛意識，若你在潛意識裡認為，事情會有好結果，你便會成功！

此外，「五大信心公式」的第四步驟再次提醒你，必須將重要的目標寫下來。請讀一遍本書中的五大信心公式，用自己的話重述這五個步驟，並寫在資料卡上。

接著，請仔細讀以下這首詩：

如你「認為」自己會敗，你已敗了，
如你「認為」自己不敢，你就不敢了。
如你「想」贏，卻「認為」贏不了，
幾乎可以斷定你與勝利無緣。

如你「認為」自己會輸，你已輸了，
證諸寰宇我們發現，

成功始於人之「意志」——
一切決於「心念」之間。

如你「認為」自己落後，你是如此，
你須擁有「意念」登高，
須於「相信」自己之後，
方能贏得榮耀目標。

人生戰役非總偏向
力量較強或速度快者，
遲早證明勝利歸於
「自認」會贏之勇者！

亞伯拉罕·林肯的故事非常重要。他原本總是失敗，最後卻因為擁有愛的力量而成就斐然。沒錯，愛與財富是關係密切的，希望你能體悟到這一點。另外，查爾士·史瓦布的故事顯示，只要有心，一場談話也能帶來巨大財富。

請在資料卡上簡要寫下自己的精確要點，並對照本書中的精確要點，回溯記憶，提出自我改進的方法。

切記，複述具有說服的力量，無論你複述的事情是否為真，複述都能讓你相信，並促使此事成真，一如愛默生所言：「人心之所思成就其人。」因此要時時複述每章重點，不斷告訴自己：「我會成功！」對潛意識下指示。

致富第三步驟：自我暗示

閱讀第四章，一樣要重複劃重點、做筆記、書寫精確要點、回溯記憶，建立自己的觀點。

一如本書所強調，潛意識會接受所有充滿自信的指示並予以回應，幫助你達成目標。但這些指示必須透過不斷重複，才能深植於心，根深柢固。

你必須讓潛意識相信，你一定會得到財富，而這筆財富必須越具體越好，最好是某一合作案的豐厚報酬，或是創業的營收金額。如此一來，你將可迅速擺脫所有負面思想，很多人無法致富就是因為說服不了潛意識。你必須堅信自己正走在致富的路上，並付出實際的行動，例如親自去販售商品或服務人群。

現在，請依照你對第四章的理解與記憶，完成以下的是非題。

是非題	
你的欲望聲明是否該留有「失誤的空間」？例如：如果我一切順利，我會得到這筆財富。	
你想以彩券來獲得財富嗎？	
你的欲望聲明是否該寫出獲得財富的明確日期？	
你會藉由實際的行動，來獲得你渴望的財富嗎？例如：販賣商品、服務人群。	
已相信欲望聲明的內容，就不需要繼續重複書寫嗎？	

正確答案是：××○○×

若你沒有全部答對，請重讀第一章和第二章。

接著，在資料卡上寫下你的精確要點，然後對照本書的精確要點。第四章雖然簡短但是深具意義，請務必全面吸收。

對照本書中的精確要點，回想你錯失良機的經驗，以及你因為勇往直前而有所突破的經驗！

致富第四步驟：專業知識

除了按照〈思考致富實踐篇〉的方式來閱讀本書，你還可以注意自己書寫精確要點的模式，並進行自我分析，看看你注重哪些要點，或許這正暗示你所需要補充的能力。

第五章傳授了一個大多數人忽視的重點：所有知識都是潛在的力量，而一般的知識必須整理、歸納，並輔以專業知識與明確計畫。而你是否知道，學校教育並不是教育的終點，也不是教育的唯一選擇？

請做以下的是非題。

是非題

學習態度是否「一定」勝過學歷高低？例如：一個未受過正規教育，但願意自我學習的人，是否總是比高學歷的人更會賺錢？

若你的答案是「○」，請你重讀第五章。本章並沒有斷定受教育和不受教育哪一個比較好，而是主張你應該具有明確的目標，以追求你需要的知識，並加以靈活運用。

無論你已離開學校多少年，你還是可以有效率地自我教育，接受專業課程的訓練。比起義務教育以低價傳授的知識，或許你會比較珍惜昂貴課程所傳授的知識，而且特定主題的專業課程必能彌補義務教育的不足。最重要的是，你是以成人的心態在學習，學習的目標是你所主動追求、渴望的——致富。別忘記，嚴格的自我教育是「致富計畫」的一部分。

最後，在資料卡上，寫下屬於你的精確要點，對照你與本書中所寫的不同，並加以比較。

根據精確要點，回想在你的朋友中，有誰曾經因為記取經驗的教訓而獲利？他以什麼方式獲利？請以自己的生活經驗，想像他人的教訓經驗。

致富第五步驟：想像力

想像力分為綜合性與創造性，兩者各有巧妙。在不失理性的前提之下，想像力的發展與使用，可決定一個人的成敗。

可口可樂由老茶壺的配方搖身一變成國際企業，顯示想法、欲望與實際行動合而為一，將會產生多大的力量。學者牧師順利獲得一百萬美元的故事，證明了想像力的強大力量。本書不斷強調「想像力」是「突破、成就」的推動力，所有人都能學會控制這種強大力量。想像力是無所不在的，只要你懂得去發現。

最後，請在資料卡上寫下屬於你的精確要點，和本書中的精確要點做比較，思考你的觀點是否和本書中的觀點有所衝突？分析衝突之處，可幫助你了解自己。

致富第六步驟：條理分明的計畫

第七章的篇幅特別長，這是為了讓你掌握前幾章的內容。〈思考致富實踐篇〉在此將以另一種方式，帶領你學習〈條理分明的計畫〉。

請你閱讀、劃重點，比較你和本書的觀點，並加上註解。先跳過第一八二頁的小測驗，閱讀到第一九四頁。

本章開頭描述的智囊團原則，將於第九章再次出現。這個原則教導我們必須與他人合作，才能擁有經驗、知識與才能，沒有團隊合作，就無法確保我們能夠獲得豐厚財富。

這段話不表示你不能獨自尋求財富，但世界的確是所有人共享的。

此外，請你將失敗變成「進步」的契機。失敗是再次嘗試的訊號，不是放棄的訊號。如果你認定失敗即是結束，代表你沒有善用經驗。放棄者絕不會勝利，勝利者絕不會放棄。

請詳加閱讀「領導者的關鍵特質」，根據這十一個特質為自己評分，並計算得分。

舉例來說，如果你給自己的「自制力」是一分，代表你並沒有自制力，若是五分，代表你的自制力近乎完美。請嚴格評分。現在你正在了解自己，為自己建構一個專屬的「成功指南」。日後你也要重複檢視自己，用這十一個特質為自己評分。

領導者的關鍵特質	1	2	3	4	5
不動搖的勇氣					
自制力					
敏銳的正義感					
明快的決策					
明確的計畫					
超越報酬的工作習慣					
愉悅隨和的個性					
同情與體諒					
不放適任何細節					
願負全責					
合作					

完成這張評分表之後，請你將所得分數「連線」，畫出屬於你的「能力曲線」。如下圖所示：

領導者的關鍵特質	1	2	3	4	5
不動搖的勇氣	V				
自制力		V			
敏銳的正義感			V		
明快的決策			V		
明確的計畫			V		
超越報酬的工作習慣			V		
愉悅隨和的個性		V			
同情與體諒		V			
不放適任何細節			V		
願負全責			V		
合作		V			

請每個月做一次這些評分表、畫出能力曲線，持續一年，不斷檢討自己的領導者特質。一年下來，你會發現自己有所改變。你的曲線越靠近下方，代表你得到的分數越高，領導能力越進步。

請用同樣方式，填寫下列「致富能力總評鑑」評分表，製作能力曲線，全面評估你的致富能力。

致富能力總評鑑	1	2	3	4	5
我會分析自己的恐懼					
我曾接受他人的協助，解決困擾，並向他學習					
我會停止憂慮，展開實際行動					
我會詳盡計畫，將出錯的可能性降至最低					
我會保持耐心					
我不會說他人的閒話，中傷、毀謗他人					
我會接受意見與我相左的人，與他做朋友					
我會控制自己的脾氣					
我不會心懷憎恨					
我會放鬆自己					

我會練習原諒					
我會適度地運動，保持健康					
我會定期做體檢					
我不會誇大身體的病痛，謹記許多人曾克服比自己更嚴重的病痛					
我會樂於吸收與工作相關的資訊					
我會參加專業課程，自我教育					
我會參加各式各樣的演講，不放過充實自我的機會					
我會在各種活動中發言					
我會培養想像力，幫助自己組成想像內閣，向已逝的偉大心靈學習					
我會在期限內完成工作					
我會認真工作，不抱怨					
我不會吹噓，所以不會因為吹噓感到慚愧					
我要協助他人，而非為難、挑剔、貶低他人					
我不會用刻薄言語對待他人					
我不誇下海口，無論我多麼有把握					

我會有始有終，絕不虎頭蛇尾					
我會尊重自己，尊重他人					
我會設下明確的目標，制定完整的計畫					
我不會擁有任何無謂的罪惡感					
我會相信自己值得擁有生命中最美好的東西					

一年過後，審視所有評分表，看見自己的變化後，你將會充滿信心，更有動力改善自我、邁向成功。

現在回到第七章，細讀領導失敗的十個主因，包括標題與解釋。一一思考自己是否有這些情形。請務必對自己誠實，因為沒有人比你更清楚自己，這麼做能幫助你了解自己，邁向成功。

接下來，「何時以及如何應徵職位」的五個要點可能不適用於所有人，但是請你還是讀一遍，因為有領導能力的人通常能幫助他人找到好工作。同理，你也必須了解「書面履歷該提供哪些資料？」

請看第七章中七個獲得渴望職位的重要事項。你務必遵守這七點，即使你不須要換工作，也可以幫助他人獲得理想工作。理想的工作是幸福人生不可或缺的要素。無論你是受雇者或雇主，都應該注意第五點：專注於你可以提供什麼。這是許多人獲得成功的關鍵！

這一點可以連結於第七章的「ＱＱＳ」公式。一如本書提到的，安德魯．卡內基強調，必須與有和諧精神的人共事。而擁有數千名員工的亨利．福特也深知人際關係的重要性，曾說他最重視的能力是與人相處的能力。

「失敗的三十一項主因」非常重要，請一項一項檢視自己，找出你具有多少失敗因素，並將它們填入以下的表格。

請確實填寫，接著利用下列表格來檢討「我具有的失敗因素」。

我沒有的失敗因素	我具有的失敗因素

我無法改變	我可以改變

在認定自己「無法改變」之前，先告訴自己：「我要設法解決！」改變聽天由命的態度，產生決心。正如本書中所說，沒有克服不了的障礙。生命裡到處都是邁向成功的道路，你可以繞過路障、攀越巔峰、衝破高牆，直到

抵達目的地！

請利用第七章最後的清單，歸納成功的基本法則，為你帶來無限財富，但你必須掌握本書的內容才能領略。

記住！金錢不會移動、思考、說話，但金錢聽得到人的呼喚，只要你夠渴望！

致富第七步驟：決心

至此，相信你已掌握一半的致富步驟，想必你已熟悉閱讀本書的方式。請注意第八章的核心——《獨立宣言》的故事。這則故事至少涵蓋了本書六個致富原則。

對你來說，決心的意義是什麼？你擁有決心嗎？在你身邊，誰擁有決心？你能從自己及他人的經驗中記取教訓，並下定決心嗎？請填寫下列表格，列出十個你認識的人，以勾選方式，評斷對方是否有決心，以及他們的成敗如何。

	姓名	有決心	優柔寡斷	成功	失敗
1					
2					
3					
4					
5					
6					
7					
8					
9					
10					

由此表可知，決心與成功有密切相關。這是不爭的事實！

接下來，寫下你自己的精確要點吧！當然，要與本書中的精確要點互相比較。再次提醒你，決心是由內在控制自我的力量，是強者不可或缺的能力！

致富第八步驟：毅力

毅力與決心相輔相成，若沒有毅力堅持到底，便會削弱決心，甚至使人懷疑自己錯了。但是，若你真的下定決心，即使遇到瓶頸，你仍能保持堅定，堅強地走下去。

閱讀《思考致富聖經愛藏版》，你必須具有「金錢意識」。貧窮會寄生於有利它發展的個體，財富則會被準備好迎接它的人吸引，亦即，只要你認為自己會致富，財富就會受你召喚。不用刻意經營，一般人都有利於貧窮發展的條件，若你沒有強烈意識到「我將致富」，貧窮即會悄悄萌生，所以你一定要重複對潛意識下令，讓你的渴望具體成真。

因此，趕快再讀一遍「成功培養毅力的八大面向」，完成以下填空題：

成功培養毅力八大面向

一、___的___性。
二、欲___。
三、自___。
四、計___性。
五、正___。
六、合___。
七、意___。
八、習___。

詳讀「列出毅力薄弱的弱點清單」，若有疑問，請重讀第一、二、六、七章。

穆罕默德的故事和《獨立宣言》的故事一樣，深具意義，請將宗教故事轉化為實際的教訓，運用於追求財富上。回想在生活是否有類似情形，接著自問：「決心何時可進入我的生命？」不考慮宗教因素，請探究你的實際生活，找出決心的源頭。一如本書中所說：「當一個人客觀地研究先知、哲人、神蹟者和過去的宗教領袖，總會得到一個必然的結論，即毅力、專注力和明確的目標就是他們成就的主因。」你可以從宗教故事中得到具體的體會。

接著，請舉出五個你曾展現「金錢意識」的例子，或是別人的經驗，同時謹記「金錢意識深植於自信」。

「金錢意識」很容易被誤解。那並不是要你滿腦子想著錢，變得吝嗇、貪婪，也不是要你用金錢來衡量一切價值，將金錢當作生存意義。「金錢意識」是一種能夠產生信心的自我對話，讓你相信自己正在賺錢，促使你致富。

致富第九步驟：智囊團的力量

即使是擁有崇高地位的安德魯·卡內基，也有五十個人的智囊團。你可以聚集幾位朋友組成智囊團，集思廣益，為彼此的人生創造奇蹟。

以下是組織智囊團的要點：

1. 尋找兩三位能夠和諧相處的朋友，尋求共識，同意組成智囊團，目的在於幫助彼此，在精神與心靈上有所成長。

2. 排除政治、宗教和其他敏感話題，智囊團是要善用經驗的智慧，互相幫助，千萬不要讓其他因素削弱智囊團的真誠和合作精神。

3. 智囊團的成員必須守口如瓶，將彼此間的互動當成機密，不要讓成員因為害怕走漏風聲，而不敢自由地表達。

4. 若全體成員都同意，可以偶爾邀請他人加入智囊團，但別過度擴充，以免不容易控制。而且新成員必須有試用期，確保能與所有人和諧相處。

5. 雖然每個人的個性、經驗都不同，追求成功的方式也不同，但是你們對「成功」的定義必須一致，在此前提下，你可以自由選擇是否完全接受智囊團成員的意見。

6. 所有人輪流擔任智囊團的主席。主席必須掌控所有人的發言時間，鼓勵每個人說出心中想法。

7. 有些成功的智囊團是由同業組成的，在這種情況下，智囊團應該要有管理階級者參加，以帶來全面的合作與互利。

8. 除了屬於智囊團成員個人的短期目標，智囊團的組織必須擁有其他共同目標，不只為成員帶來利益，更要為團體以外的人帶來利益。舉例來說，你們可以用智囊團的身分贊助青年團體、基金會等。

第十章再次強調一個非常重要的觀念：貧窮不需要計畫。若你沒有積極求富，只是得過且過，貧窮就很有可能找上你。請你對潛意識下令，產生致富的信心，具體擬定計畫，讓自己確實往成功前進。

記得拿本書中的內容：貧窮不需要計畫。貧窮是很容易的，一個打從心底屈服於貧窮的人，會在稍有成就之際限制自己、前功盡棄，最終回到貧窮的道路。於是，他就可以對別人說：「你看吧！沒用的！」

千萬不要變成這樣的人，記得活用智囊團向潛意識下令！

致富第十步驟：性慾轉換的奧祕

你是否有注意過成功人士的性魅力？你想成為一個散發性魅力的成功人士嗎？

對人類來說，性衝動有三個目的，一個是繁衍後代，另外兩個呢？請你寫在下面：

1. ＿＿＿＿＿＿＿＿

2. ＿＿＿＿＿＿＿＿

適當控制性慾，並將之導向其他方向，便能激發強大的力量、想像力、勇氣、毅力和創造力。富者必定會受到異性的影響。

性是最能刺激心靈的。請勾選下列表格中，你認為能夠刺激心靈的項目，然後對照第十一章的清單。

何者能夠刺激心靈？			
性、情感表達的欲望		性的挫折	
追求目標的熾烈欲望		凡事無所謂的態度	
友誼		孤獨	
沒有精神和身體上的痛苦		與他人共有的苦難	
勇氣		恐懼	
戒酒		毒品和酒精	

自我暗示	無意探求潛意識	
運用智囊團	不徵求他人意見	
音樂	不欣賞音樂	
愛	憎恨	

有些刺激心靈的東西是有害的，請挑選能夠長久使用，又不傷身的項目，來刺激自己向上。

心靈受刺激，思想的高度就會提高，此時發揮想像力、創造力、第六感，便會產生意想不到能量，這就是轉換性慾的奧祕。

性慾轉換絕不代表禁慾，只是要將性慾導向正途而不濫用。很多人直到四十歲以後才攀上成就的巔峰，原因為何？當然與經驗有關，但一大部分是因為成熟的人懂得控制肉體的性慾，因而激發了創造力，獲得強大力量。

接下來，思考靈感從何而來，你是否有靈感產生的模式？你容易在睡前獲得靈感嗎？請找出明確的時間點或模式，或許那就是最適合做決定的時刻。

請你自問，若你遵循靈感行事，大多會有什麼結果？分析自己的經驗，釐清什麼情況才是正確地運用靈感。記住！不只天才擁有靈感，你也有源源不絕的靈感。

致富第十一步驟：潛意識

你可以將致富的意念、計畫，直接植入潛意識。潛意識隨時都在運作，假如你不直接植入意念，潛意識就會因為你的疏忽而接收負面的意念。

萬事始於意念，潛意識特別容易被含有情緒的意念所影響。現在，請寫下七大正面情緒，利用它們來影響潛意識：

1. ______
2. ______
3. ______
4. ______
5. ______
6. ______
7. ______

此外，也要小心七大負面情緒影響潛意識，現在就把它們寫下來自我警惕吧！（參考第十二章）

1. ______
2. ______
3. ______
4. ______
5. ______
6. ______
7. ______

正面情緒和負面情緒不是並存的。若你充滿正面情緒，潛意識就會受影響，進而反映在你做的事情上，使你成功。

致富第十二步驟：頭腦

第十三章告訴你，頭腦擁有強大的力量，極其奧妙。頭腦具備的思考能力、記憶容量、調節和改進的潛能，遠遠超出電腦。電腦只能處理指令、儲存資料，而人類卻能為記憶加入想像力、創造力，使思想與成就達到更高的層級。

潛意識是頭腦的指令台，能將意念傳送給想像力。因此，只要是你相信的事，終究能實現。你的成就、幸福、健康與人生，不只關乎工作與吃喝玩樂，還關乎心靈的創造力。

最後，請寫出自己的精確要點，但別用條列式，請用自己的話，以一至兩百字的篇幅敘述此章重點。

致富第十三步驟：第六感

第十四章所述了「假想內閣會議」，的閣員會帶領我們進入奇遇的路徑，讚賞、尊重真正的偉大，激發我們的創意與誠實表達的勇氣。

透過想像力，我們能與逝世的偉人交流，但是缺乏想像力的人會誤解這種經驗。這種充滿創造力的想像雖然不是真實的，但深具影響力。因為這些偉人流傳下來的思想、人格典範與非凡成就，絕對值得我們學習。

但是，不是所有人都可以將逝世的偉人組成假想內閣。你必須相信自己有能力改變內在。成功組成假想內閣將使你遙遙領先同儕。請仔細選擇內閣成員，可以是政治家，也可以是經濟、工業、藝術等領域的佼佼者。你只須持續自我探索，使自己對目標與欲望產生新想法，便能選出對你最有幫助的內閣成員。

第六感與其他五感（視覺、味覺、觸覺、嗅覺和聽覺）不同，必須藉由練習與信心才能為你所用。一如本書中的精確要點所言，你已接觸到核心，那即是使所有偉人屹立不搖、未知的「東西」。

若你體會到自己擁有強大的第六感，代表你已吸收本章精髓。下一章將要探討恐懼，以及消除恐懼的辦法。你將接受一點小測驗，準備好了嗎？

致富第十四步驟：六種恐懼

請閱讀第十五章，記得劃重點，但是先別做「自我分析問題測試」。

本章教你自我檢視，了解恐懼只是一種心理狀態，你可以控制。人類唯一能夠完全控制的即是意念，很少人知道只要透過練習，再加上信心，意志便能產生強大的力量。

現在，請憑記憶寫出「人的六種基本恐懼」，並對照答案。

1. ______________
2. ______________
3. ______________
4. ______________

5. ＿＿＿＿

6. ＿＿＿＿

透過自我檢視，你可能會發現自己恐懼貧窮，這種恐懼心理是極具破壞力的。現在，請寫出恐懼貧窮的六大徵兆！

1. 漠＿＿＿

2. 猶＿＿＿

3. 懷＿＿＿

4. 焦＿＿＿

5. 過度＿＿

6. 拖＿＿＿

除了貧窮，你害怕被批評嗎？對批評的恐懼也會剝奪行動力，抹滅想像力，造成莫大的傷害。當然，兒時父母過度的批評可能會讓你自卑，從此對批評產生恐懼，但是你必須克服。現在就寫下「恐懼批評的七大徵兆」，藉此正視自己的恐懼。完成填空題後請對照答案。

1. 自＿＿意＿＿
2. 缺＿＿鎮＿＿
3. 個＿＿
4. 自＿＿
5. 奢＿＿
6. 缺＿＿進＿＿
7. 缺＿＿抱＿＿

人心充滿著恐懼。接下來，請完成另外四大恐懼的填空題，仔細檢視自己的內心。

恐懼病痛的七大徵兆：

1. 負面的自我＿＿
2. 憂＿＿

3. 怠＿＿＿＿

4. 易＿＿＿＿

5. 自＿＿＿＿

6. 放＿＿＿＿

7. 焦＿＿＿＿

恐懼失去愛情的三大徵兆：

1. 妒＿＿＿＿

2. 挑＿＿＿＿

3. 賭＿＿＿＿

恐懼年老的四大徵兆：

1. 早＿＿＿＿

2. 因年＿＿＿＿而致＿＿＿＿

3. 扼＿＿＿＿

4. 故＿＿＿＿

恐懼死亡的三大徵兆：

1. 想＿＿＿＿

2. 和恐＿＿＿＿窮聯結

3. 和病＿＿＿＿或身心＿＿＿＿聯結

完成所有填空題之後，請另外將這些徵兆寫在六張資料卡上，並互相對照。你將發現相同的恐懼（心理狀態）會以不同的形式，不斷介入生命，例如憂慮。請仔細審視這些卡片，發現其間的關聯性。最後，將卡片貼在筆記本上，隨時提醒自己。

憂慮是跟隨恐懼而生的心理狀態，你只須「做決定」便能驅走憂慮。仔細思考本章意旨，你將發現，所有生命應予你的東西，都不值得你憂慮。

除了憂慮，對負面影響的易感性，也是恐懼不斷介入生命的形式之一。

本書中說：「無疑地，人類最普遍的弱點是，接受他人負面影響的習慣。」

接下來，請藉由後文的測驗檢視自己是否具有這種易感性。

最後，請回答下頁的問題，並將答案寫在書上。幾天後，再重新回答一次。對照兩次的答案，看看是否有不同之處，思考想法改變的原因。

下列問題，幾天後再回答吧！

第二次·自我分析問題測試		答案
1.	你經常抱怨「不舒服」嗎？原因何在？	
2.	你會為極瑣碎的事指責別人嗎？	
3.	你經常在工作上出錯嗎？為什麼？	
4.	你的言談充滿諷刺和防衛嗎？	
5.	你是否刻意避免與人交朋友？為什麼？	
6.	你經常受消化不良之苦嗎？是何原因？	

7.	8.	9.	10.	11.	12.	13.
你是否認為生命無益、未來無望？	你喜歡自己的工作嗎？為什麼？	你經常自憐嗎？為什麼？	你嫉妒比你優越的人嗎？	你花較多時間在思考成功還是失敗？	年齡越大，你是越有自信，還是喪失自信？	你曾由錯誤到學習珍貴的教訓嗎？

14.	某位親戚或熟人正令你擔憂嗎？為什麼？	
15.	你是否會「心不在焉」，陷入失意深淵？	
16.	誰對你最具影響力？為什麼？	
17.	你是否受負面情緒影響？	
18.	你是否不在意個人外表？何時？為什麼？	
19.	你曾以忙碌為藉口，拒絕接受挑戰嗎？	
20.	你覺得自己是「沒骨氣的弱者」嗎？	

21.	你是否忽略精神的滌淨工作，變得暴躁易怒？	
22.	有多少可預防的干擾令你苦惱？你為何要容忍它們？	
23.	你為了「安定神經」而耽溺於過量的烈酒、毒品或香煙嗎？為何不嘗試以意志力來取代呢？	
24.	有人對你「責罵不休」嗎？為何？	
25.	你有明確的人生目標嗎？是什麼？你有什麼計畫可達成目標？	
26.	你遭受六種恐懼之苦嗎？是哪些恐懼？	
27.	你有任何可以抵擋他人負面影響的方法嗎？	

28.	你刻意用自我暗示來打造正面心態嗎？	
29.	你最珍惜哪一個？物質財產，或控制意念的權利？	
30.	你是否易受他人影響而違背自己的判斷？	
31.	今天你有增加任何知識寶藏或正面心態嗎？	
32.	你會面對使你不快樂，或規避責任的環境嗎？	
33.	你會分析所有的錯誤和失敗以從中獲利，或認為這不是自己的責任？	
34.	你能說出三樣最具傷害性的弱點嗎？你要怎麼改正？	

35.	36.	37.	38.	39.	40.	41.
你是否因同情而助長他人將憂慮帶給你？	你是否汲取生活中對精進個人有幫助的教訓或影響？	你的表現通常對他產生負面影響嗎？	他人何種習慣最令你苦惱？	你有主見，還是會讓他人影響你？	你是否學會打造一種用來抵擋所有負面影響的心態？	你的工作能激發你的信心和希望嗎？

42.	是否意識到自己有足夠的精神力量，可使心靈免於各種形式的恐懼？	
43.	你的宗教信仰能助你常保正面心態嗎？	
44.	你認為分擔他人憂慮是你的責任嗎？為什麼？	
45.	所謂「物以類聚」，透過你的朋友，你對自己有何了解？	
46.	觀察與你交往最密切的人，能看出什麼關係？會造成任何不愉快的經驗嗎？	
47.	你視為朋友的人，有沒有可能是你最大的敵人，因為他對你的心靈有負面的影響？	
48.	你以何原則判斷誰對你有益，誰對你有害？	

49.	一天二十四小時中，你花多少時間做下列事項？	工作	____小時
		睡眠	____小時
		玩樂與休閒	____小時
		獲取有用知識	____小時
		無所事事	____小時
50.	你的朋友扮演什麼角色？	誰最能激勵你？	
		誰最能提醒你？	
		誰最會挫敗你？	
51.	你最憂慮的是什麼？為何要容忍？		
52.	當別人提供你免費、不請自來的建議，你會毫無疑問地接受，還是分析他的動機？		
53.	你最渴望的是什麼？你打算獲得它嗎？你願意為它而壓抑其他欲望嗎？你每天為了獲得它奉獻多少時間呢？		

54.	55.	56.	57.	58.	59.	60.
你經常改變主意嗎？為什麼？	你做事都能有始有終嗎？	你是否容易對他人的事業、頭銜、學位和財富印象深刻？	你容易受他人想法或說法所影響嗎？	你會因人們的社會或經濟地位而迎合他們嗎？	你認為誰是當今最偉大的人？這個人在哪方面比你優越？	你花了多少時間研究並回答這些問題？

請你每個禮拜都要重新誠實作答這些問題一次，經過長期累積，你將完全了解自己。若有回答不出來的問題，你可以問值得信任的朋友，從他們的角度來探索自我。

製作「致富手冊」，隨身攜帶

至此，你已依照〈思考致富實踐篇〉的方式，讀完《思考致富聖經愛藏版》。現在，你必須做的是——複習！

唯有不斷複習，這些偉大、實用的致富法則才能深入你的心靈，被你內化成源源不絕的力量，成為你的一部分。但是，該怎麼複習如此厚重的《思考致富聖經愛藏版》呢？

方法很簡單，請翻閱本書，找出所有你做過的小測驗、評分表、填充題、書中各章精確要點，另外影印，跟你的資料卡一起釘成手冊隨身攜帶。製作手冊的過程，就是在複習本書，隨身攜帶這本手冊，你可以隨時提醒自己，若遇到難以抉擇的狀況，也能利用手冊指引自己。

主宰命運，致富達陣！

你的命運無人能左右，只有你能夠為自己思考、行動，打造成功。

多年來，有無數人閱讀《思考致富聖經愛藏版》而獲致成功。有美國林肯總統、羅斯福總統、威爾遜總統，美國百大企業的CEO皆信賴本書，多位成功人士皆受本書的影響，以親身經歷證明此套成功法的效用。因此，請切記！凡是人心所能想像並且相信的，終必能夠實現！

致富之道，由《思考致富聖經愛藏版》為你開啟。接下來，是時候換你來主導自己的命運！

Note

國家圖書館出版品預行編目(CIP)資料

思考致富聖經(愛藏版) / 拿破崙・希爾作 ; 陳
麗芳譯. -- 二版. -- 新北市 : 世潮出版有限
公司, 2023.05
面 ;　公分. -- (暢銷精選 ; 87)
譯自 : Think and grow rich collector's ed.
ISBN 978-986-259-080-5(平裝)

1. CST: 成功法

177.2　　112003232

暢銷精選87

思考致富聖經 愛藏版

作　　者 / 拿破崙・希爾
譯　　者 / 陳麗芳
主　　編 / 楊鈺儀
責任編輯 / 陳怡君
封面製作 / 林芷伊
出 版 者 / 世潮出版有限公司
地　　址 / (231)新北市新店區民生路19號5樓
電　　話 / (02)2218-3277
傳　　真 / (02)2218-3239（訂書專線）
劃撥帳號 / 17528093
戶　　名 / 世潮出版有限公司
單次郵購總金額未滿500元（含），請加80元掛號費
世茂網站 / www.coolbooks.com.tw
排版製版 / 辰皓國際出版製作有限公司
印　　刷 / 世和印製企業有限公司
初版一刷 / 2023年5月

ＩＳＢＮ / 978-986-259-080-5
定　　價 / 450元

合法授權・翻印必究
Printed in Taiwan